GRAMMAIRE

FRANÇAISE

DE L'ABBÉ GAULTIER.

Leçons de grammaire en action, pour les enfans du premier et du deuxième âge. 3 vol. in-18.   4 f. 5o c.

Grammaire française, 1 vol. in-18.   1   5o

Atlas de grammaire, contenant des tableaux analytiques pour la construction des phrases, etc. in-folio.   4

Etiquettes du jeu de grammaire, en un étui.   1   5o

Abrégé de la grammaire française, 1 vol. in-18, cartonné.   9o

Exercices sur la grammaire française. 1 vol. in-18. (Sous presse.)

IMPRIMÉ CHEZ PAUL RENOUARD,
RUE GARANCIÈRE, N° 5.

EXTRAIT

Des registres *de l'Académie des Inscriptions et Belles-Lettres, du vendredi 27 avril 1787.*

Nous, commissaires chargés par l'Académie de lui rendre compte, suivant l'intention du ministre, de la méthode proposée par M. l'abbé Gaultier, pour enseigner la grammaire à la jeunesse, avons examiné avec soin ce que l'auteur a donné au public sous le titre de *Tableaux analytique et synthétique de la langue française, destinés à apprendre les principes de cette langue par le moyen d'un jeu.*

On se défie ordinairement des jeux proposés pour l'instruction de la jeunesse. On craint avec raison qu'ils ne tendent qu'à tout aplanir sous ses pas, et à favoriser la paresse si naturelle à l'homme. On sait de quelle conséquence il est d'habituer de bonne heure l'esprit à sentir des difficultés, à lutter, à se roidir contre des obstacles, à faire des efforts pour les vaincre, enfin à n'acquérir des forces que par un exercice un peu pénible, et à n'arriver au repos que par le travail. Le *jeu* proposé par M. l'abbé Gaultier ne traîne pas ces inconvéniens à sa suite ; c'est au contraire une application continuelle de la pratique à la théorie ; et cette théorie ne s'acquiert que par une étude graduée et suivie. Elles s'y prêtent constamment un secours mutuel, et se fortifient l'une l'autre. La méthode de M. l'abbé Gaultier, aussi utile qu'ingénieuse, oblige de simplifier, d'analyser, de classer les idées ; elle fournit les moyens de former le jugement et un sens droit ; elle habitue à réveiller et à soutenir l'attention. L'intérêt, l'amour—

a.

Le Cours complet d'études élémentaires, pour les enfans, par l'ABBÉ GAULTIER, comprenant la lecture, l'écriture, l'arithmétique, la géométrie ; les langues française, latine, italienne ; la géographie, la chronologie et l'histoire, l'art de penser et d'écrire, la musique, etc. etc.; se compose de 22 vol. in-18, 6 vol. in-12, 7 cahiers in-folio, de plusieurs boîtes et étuis, le tout, renfermé dans une boîte, coûte.......... 66 francs.

Toute contrefaçon de cette Grammaire sera poursuivie selon la rigueur des lois.

EXTRAIT

Des REGISTRES *de l'Académie des Inscriptions et Belles-Lettres, du vendredi 27 avril 1787.*

Nous, commissaires chargés par l'Académie de lui rendre compte, suivant l'intention du ministre, de la méthode proposée par M. l'abbé Gaultier, pour enseigner la grammaire à la jeunesse, avons examiné avec soin ce que l'auteur a donné au public sous le titre de *Tableaux analytique et synthétique de la langue française, destinés à apprendre les principes de cette langue par le moyen d'un jeu.*

On se défie ordinairement des jeux proposés pour l'instruction de la jeunesse. On craint avec raison qu'ils ne tendent qu'à tout aplanir sous ses pas, et à favoriser la paresse si naturelle à l'homme. On sait de quelle conséquence il est d'habituer de bonne heure l'esprit à sentir des difficultés, à lutter, à se roidir contre des obstacles, à faire des efforts pour les vaincre, enfin à n'acquérir des forces que par un exercice un peu pénible, et à n'arriver au repos que par le travail. Le *jeu* proposé par M. l'abbé Gaultier ne traîne pas ces inconvéniens à sa suite; c'est au contraire une application continuelle de la pratique à la théorie; et cette théorie ne s'acquiert que par une étude graduée et suivie. Elles s'y prêtent constamment un secours mutuel, et se fortifient l'une l'autre. La méthode de M. l'abbé Gaultier, aussi utile qu'ingénieuse, oblige de simplifier, d'analyser, de classer les idées; elle fournit les moyens de former le jugement et un sens droit; elle habitue à réveiller et à soutenir l'attention. L'intérêt, l'amour-

a.

propre bien ordonné, l'émulation, la gloire, la honte, sont autant de mobiles qu'elle met en action.

Tels sont les effets qui nous paraissent devoir en résulter ; tels sont aussi en partie ceux dont nous avons été témoins dans une séance particulière où nous avons vu jouer six enfans de l'un et de l'autre sexe, de sept jusqu'à douze ans. L'ardeur d'un combat, aussi instructif qu'innocent, brillait dans leurs yeux ; ces jeunes âmes paraissaient animées des sentimens dont nous venons de parler; la joie éclatait sur le visage du joueur qui avait réussi au gré des auditeurs, un peu de confusion ne décourageait point ceux qui avaient failli : souvent les joueurs et toute l'assemblée étaient égayés par les idées et par les réponses de ceux qu'on interrogeait, quelquefois même par les fautes qui leur échappaient.

Au reste, M. l'abbé Gaultier fera bientôt jouir le public d'un ouvrage dont une bonne partie nous a été communiquée, et qui montrera jusqu'à quel point il a porté l'étude de la matière qu'il y traite. Il y développe, dans un juste, mais plus ample détail, les principes qui ne sont présentés qu'en abrégé dans ces tableaux. Ce sont des *Leçons de grammaire en action* destinés à l'usage des pères de famille et des instituteurs. Il faut espérer que, par ce moyen, il leur communiquera une partie de cet art avec lequel il sait aider l'intelligence de la jeunesse, échauffer son zèle, ranimer son ardeur, réveiller son attention, la guider enfin dans la carrière, et la conduire au terme desiré.

Au Louvre, ce vingt-sept avril mil sept cent quatre-vingt-sept. *Signé* DUPUIS, GARNIER, DE ROCHEFORT, BROTTIER.

Je certifie le présent extrait conforme à l'original. A Paris le 5 mai 1787.

Signé DACIER,
Secrétaire perpétuel de l'Académie.

AVANT-PROPOS

DE L'AUTEUR.

Il n'y a dans la grammaire aucune idée qui, étant bien présentée, ne puisse être saisie par les enfans, lorsqu'ils jouissent de l'exercice de leur raison.

Cependant on se plaint de toute part que bien des jeunes gens, après un travail long et pénible sur la grammaire, n'ont pu venir à bout de connaître cet art, qui est en quelque sorte la clef de toutes nos connaissances.

Il n'est pas impossible, ce me semble, d'en assigner la véritable cause : la voici telle que je l'ai conçue.

Lorsque nous ne saisissons pas une vérité quelconque, c'est que nous n'avons pas dans l'esprit toutes les données qui nous seraient nécessaires pour l'entendre : par exemple, on aura beau nous dire que le *thermomètre est fort bas*, nous ne saurons pas en déduire une vérité qui est cependant à la portée de tout le monde, savoir, que *l'air est rafraîchi*, si l'on ne nous supplée les idées moyennes qui nous manquent pour la comprendre : mais qu'on nous fasse remarquer que *la chaleur fait monter la liqueur dans le tube, et que le froid la fait descendre*, nous comprenons à l'instant que la *chaleur est diminuée*; et cette vérité devient pour nous claire et facile à saisir.

On raisonne donc juste sur un objet lorsqu'on a les différentes idées qui s'y rapportent. Il est évident par conséquent que si les enfans raisonnent mal en matière de grammaire, et que, si, en se donnant beaucoup de peine, ils sont condamnés à ne rien comprendre, c'est faute d'avoir dans leur esprit les idées *moyennes* ou *intermédiaires* supposées par la première qu'on leur a présentée.

Lorsqu'un enfant commence ses études, et qu'il débute par une grammaire latine, sans avoir connu d'abord les principes de sa propre langue, il ne peut pas, d'après ses idées moyennes, entendre les *déclinaisons*, les *cas* et les *autres rapports* de la grammaire latine. Ces mots ne peuvent être que vides de sens pour lui, puisqu'ils désignent des objets dont il n'a encore aucune idée, ce sont autant d'énigmes dont il n'a pas le mot.

Si l'on suivait la marche de la nature, c'est-à-dire l'analyse, qui conduit toujours du *simple* au *composé*, du *connu* à l'*inconnu*, on sentirait généralement combien les méthodes ordinaires sont insuffisantes pour remplir l'objet qu'elles se proposent. Chacun peut en être convaincu par sa propre expérience; mais qu'il me soit permis d'exposer ici la mienne, elle pourra servir à mieux développer mes idées.

Sans être professeur de grammaire, j'entrepris de faire connaître à un enfant les élémens de cet art. Pour cela je m'entourai de tous ces *Abrégés de Grammaire* qui sont devenus *classiques*, dans la vue de choisir celui d'entre eux que je trouverais le plus clair. Toutes ces grammaires m'apprirent qu'il y avait *dix parties du discours.* Je commençai par là mes leçons, et je fatiguai beaucoup l'esprit de mon élève sans avoir pu lui faire comprendre ce que je voulais dire; car on ne peut avoir une idée juste de ces *parties du discours*, que quand on les connaît déjà. Les dix mots qui les exprimaient, savoir, *l'article*, le *substantif*, etc., furent vides de sens pour lui.

Les jours suivans il fut question de *l'article*, qui, dit-on, *sans rien signifier par lui-même, étant mis avant les noms, en exprime le genre, le nombre et le cas.* Voilà une définition très claire pour ceux qui savent la grammaire; mais mon élève, qui ne connaissait, ni le *nom*, ni le *genre*, ni le *nombre*, ni le *cas*, ne pouvait rien y comprendre malgré tous mes efforts.

Je choisis une autre grammaire très connue, qui commence par expliquer ces trois rapports. *Le* GENRE, dit-elle, *est proprement une* MANIÈRE *de distinguer par l'expression ce qui est mâle ou femelle. Le* NOMBRE *est une* MANIÈRE *d'exprimer l'unité ou la pluralité des choses. Le* CAS *est une* MANIÈRE *d'exprimer les différens rapports que les choses ont les unes aux autres.* Ces définitions vagues du *genre*, du *nombre*, et du *cas*, par les mots de MANIÈRE et de RAPPORTS, ne donnèrent à mon élève que des idées fausses et confuses.

Las de lui présenter des idées abstraites, difficiles à saisir, et qui l'induisaient constamment en erreur, parce qu'elles supposaient toujours en lui une foule d'autres idées qui lui manquaient, et que, par le moyen de mes grammaires, je n'avais pu préparer dans son esprit, je cherchai pendant quelque temps les moyens de me rendre plus intelligible. Point d'extraits, point d'abrégés, mais une simple table de chapitres et de titres de grammaire. Je transcrivis ce catalogue de *rapports* sur des morceaux de papier comme autant de jetons, pour être plus à portée de les classer librement dans l'ordre le plus naturel de la *composition* et de la *décomposition* des idées.

Le hasard me mit dans les mains un premier rapport, que je plaçai au milieu de mon bureau. Je cherchai ensuite avec attention si ce premier rapport n'en supposait pas un autre intermédiaire, je le trouvai en effet, et je le plaçai dessus; je suivis le même procédé pour ce dernier rapport: enfin je vis naître sous mes yeux un *arbre généalogique du langage*; cet arbre, qui n'étant pas différent de celui des familles, représente sensiblement aux yeux la filiation des rapports du langage; c'est celui qui forme maintenant mon système de grammaire.

Dans cet *arbre*, je me suis uniquement occupé de présenter à l'esprit, par le moyen des yeux, *le système des rapports invariables des mots*, la *métaphysique du langage*, enfin la *grammaire* proprement dite, que j'ai séparée soigneusement de l'*orthographe* et de la *syntaxe*, parce que j'ai cru que ce procédé était plus conforme à la méthode analytique.

Pour aider encore plus l'intelligence des enfans, jai fréquemment fait usage avec eux de l'*étymologie*. Il est certain que tous les mots qui expriment les rapports de la grammaire ne sont pour les enfans que des mots insignifians, des mots barbares. Mais que ces mots soient expliqués par l'étymologie, les enfans ne manqueront pas d'être conduits à la connaissance du *rapport* qu'ils expriment.

Mais l'objet auquel je me suis particulièrement attaché dans cette méthode a été de rendre sensibles aux enfans les différens rapports de la grammaire par une foule d'*exemples* et d'applications. Ce n'est en effet qu'une pratique longue et constante qui peut nous donner une connaissance approfondie des sciences et des arts. La théorie n'est qu'un instrument, et l'instrument le plus parfait est inutile dans les mains de celui qui n'a pas appris à en faire usage. Les enfans ne peuvent donc savoir la grammaire que lorsqu'ils se sont fait une habitude d'en appliquer facilement les règles, et que ces règles sont devenues en quelque sorte le résultat de leurs observations et de leur expérience.

Pour parvenir à ce but si difficile, parce que l'ennui s'empare toujours des enfans lorsqu'il s'agit de faire des applications dont leur paresse voudrait se dispenser, j'ai imaginé un *jeu* propre à exciter et à soutenir leur émulation, en cachant l'instruction sous l'attrait du plaisir. Par ce moyen, les enfans, sans penser qu'ils prennent une leçon, font un grand nombre d'applications de tous les rapports de la grammaire ; ils les combinent de toutes les manières possibles, et en causant entre eux ils les répètent toujours avec un nouvel intérêt.

On se plaint souvent que l'intelligence des enfans ne se développe pas assez, quoiqu'ils travaillent beaucoup ; mais cette lenteur ne serait-elle pas notre ouvrage ? Nous ne parlons jamais à tout leur esprit, et nous nous mettons rarement à sa portée. Voulant procéder plus graduellement, j'ai divisé ma grammaire en trois parties. La première, que j'appelle *grammaire proprement dite*, traite des *rapports généraux* des mots, et donne les moyens d'analyser grammaticalement les mots des phrases.

La seconde présente aux enfans les règles d'*orthographe* et de *syntaxe*. La troisième a pour objet la construction des *phrases* et des *périodes*, et donne les moyens d'en faire l'analyse logique, doctrine d'où dépendent essentiellement les règles de la ponctuation et celles de la composition correcte.

Tel est le plan de mon ouvrage. Puisse ce travail avoir toute l'utilité dont je le crois susceptible !

INSTRUCTIONS

PRÉLIMINAIRES,

OU MOYENS POUR PRÉPARER L'ESPRIT DES ENFANS,
A LA CONNAISSANCE DE LA GRAMMAIRE.

PREMIER MOYEN.

Faire distinguer clairement aux enfans les MOTS *des* SONS.

PUISQUE les mots sont pour ainsi dire comme le *fond* et la *matière* de la langue, et que la grammaire est cet art qui en fait connaître les différentes *formes* et les *rapports* variés, il est important que les enfans, par une logique claire, expérimentale, et qui soit à leur portée, puissent se former une idée distincte de ce qu'on appelle MOT dans la langue, avant d'en connaître les *inflexions* et les *combinaisons* particulières par les règles de la grammaire.

Tous les grammairiens ont bien senti cette vérité, lorsque dans leurs traités ils ont parlé d'abord des MOTS, en les définissant les *signes des idées*. Mais ils n'ont peut-être pas assez réfléchi qu'avant de pouvoir faire comprendre aux enfans cette définition, il aurait fallu leur don-

b

ner des idées claires et nettes de ce qu'on entend par
SIGNES et par IDÉES. Voici quelques questions qui me
semblent propres à remplir cet objet.

L'instituteur. Si vous ne pouviez pas parler, comment feriez-vous pour vous faire entendre? *L'élève.* Je
ferais des signes, ou je ferais des gestes. (Voilà comment
les enfans répondent ordinairement.)

Inst. Ainsi, si vous vouliez demander à goûter, par
exemple, quels signes feriez-vous? Pensez-y un peu. *El.*
Je porterais ma main à ma bouche.... je regarderais ma
bonne.

Inst. Si elle ne vous entendait pas encore, car tout
cela ne signifie pas que vous voulez goûter. *El.* Je la
prendrais par la main; je l'entraînerais près du buffet; je
lui montrerais le pain... Je me ferais bien entendre avec
ces *signes.*

Inst. Je n'en doute pas. Savez-vous pourquoi les gestes s'appellent des *signes?* Devinez un peu : le mot même
le dit. *El.* J'y pense.

Inst. On les appelle *signes,* parce qu'ils *désignent,*
qu'ils *signifient* ce que nous *pensons,* ce que nous *voulons,* enfin nos *idées.* Mais vous n'employez pas ordinairement ces *signes,* c'est-à-dire les gestes, pour vous faire
entendre. Comment faites-vous pour *désigner,* pour *signifier* vos *idées? El.* Je parle.

Inst. C'est-à-dire que vous employez les *mots* pour
les *signes.* Ainsi les *mots* peuvent s'appeler des *signes* de
nos pensées, comme les *gestes. El.* Eh! oui.

Inst. Les *mots,* comme les *gestes,* désignent ce que
nous voulons; ils signifient ce que nous pensons : ainsi
tous les deux sont également des *signes.* Il n'y a d'autre
différence entre cette double espèce de *signes,* sinon que
les *mots* sont des *signes* qu'on fait par la voix, et les
gestes sont des *signes* qu'on fait par le mouvement des
différentes parties du corps. Ainsi comme tous les deux
signifient, tous les deux sont des *signes.*

El. Si les mots ne *signifiaient* pas une idée, une pensée, ils ne seraient donc pas des *signes?*

Inst. Non. Pour qu'un mot soit le signe d'une pensée, il doit signifier quelque chose.

El. Mais qu'est-il donc....?

Inst. Quand il ne signifie rien, il n'est qu'un *son* de la voix.

El. Y a-t-il beaucoup de *mots* qui ne sont que cela?

Inst. Il y a beaucoup de *mots* qui ne sont jusqu'à présent que des *sons* pour vous; mais une instruction plus avancée les rendra des *signes*.

Les enfans, comme on le voit, s'étant familiarisés par la pratique avec ces deux vérités fondamentales, savoir, 1° que tout ce qui sert à *désigner* une *idée* en est le *signe*; 2° que les *mots* servent à *désigner* les *idées*, ils en pourront eux-mêmes tirer cette conséquence, que *les mots sont les signes des idées*. Cette définition, qui est abstraite dans le système actuel des grammairiens, devenant un résultat par ma méthode, n'a plus rien de difficile pour les enfans.

SECOND MOYEN.

Exercer les enfans à faire l'énumération des mots qui se trouvent dans une phrase proposée.

Si l'on demande à un homme qui parle sa langue par routine combien de mots il y a dans une phrase donnée, il se trouvera fort embarrassé de répondre. Dans celle-ci par exemple : *Il y a été*, il ne trouvera que deux mots, c'est-à-dire, *il a été* : et de ce mot, *épouvantable*, il en fera au moins deux; il vous dira, *épou-vantable*. Voici, mot à mot, une note qu'écrivait une cuisinière : *Vous trou verrez la mar me lade da Bricau dans lar moire du ca Binet de la Partement.* On voit faire ces

fautes grossières même par ceux qui ont étudié une partie
de la grammaire selon la méthode ordinaire ; ils confon-
dent très souvent un mot avec un autre, ou d'un seul mot
ils en font deux. De pareilles fautes sont la marque la plus
sûre de la confusion des idées. Il me paraît essentiel de
songer à y mettre quelque ordre, avant de parler d'un art
qui en suppose beaucoup, tel que celui de la grammaire.

C'est pourquoi je voudrais qu'on habituât de bonne
heure les enfans, ce qu'on peut faire aisément, à distinguer presque d'eux-mêmes, naturellement et par le simple bon sens, un mot d'un autre mot dans le discours ;
qu'on les mît à portée de faire l'énumération des différens
mots d'une phrase quelconque par les différentes idées
que ces mots désignent ; qu'on les exerçât enfin pendant
quelque temps à *épeler* (pour ainsi dire) les mots d'une
phrase comme ils ont appris à séparer les syllabes avant
de savoir lire.

Voici comment on pourrait s'y prendre, à mon avis.
Vous direz à l'enfant : *Combien de mots croyez-vous
qu'on emploie pour dire* je te vois? *Comptez les mots.*
Il vous dira peut-être *trois. Eh bien, quels sont-ils?*
Obligez-le à vous les dire séparément. Je-te-vois. Si vous
voyez qu'il soit embarrassé, et qu'il vous compte plus ou
moins de mots qu'il n'y en a dans la phrase, aidez son intelligence par les yeux ; faites-lui trois gestes qui expriment les trois idées de ces trois mots : Par exemple, 1°
geste qui indique ma personne, je ; 2° geste qui peint
l'action de regarder, de voir, de jeter les yeux, vois ; 3°
geste qui désigne la personne à qui l'on parle, te.

De même vous lui ferez épeler et compter aisément les
mots d'une infinité d'autres phrases pareilles, toujours
suivant les idées désignées par chaque mot ; et, lorsque
l'idée est cachée, en la faisant sortir pour ainsi dire, et
en la rendant palpable par le langage d'action. Cet exercice, qui amuse beaucoup les enfans, parce qu'il est accompagné de mouvemens, et d'impressions vives, dont
ils ont besoin, ne manquera pas de mettre la plus grande

clarté dans leurs idées, comme on pourra s'en convaincre par l'expérience.

Ce même exercice, en habituant les enfans à porter
aisément leur esprit sur la signification individuelle de
tous les mots de leur langue, les accoutumera à porter
ensuite leur attention avec plus de force et avec plus d'assurance sur les rapports abstraits et difficiles, dont ces
mêmes mots seront revêtus par la grammaire. Voici
quelles sont les règles à suivre pour faciliter cet exercice
aux enfans.

1° On aura soin que, dans les premières phrases qu'on
leur donnera à épeler, il ne se trouve aucun mot qui ne
puisse être compris par eux, tels que plusieurs mots abstraits ou techniques. Elles auront pour objet tout ce
qu'on peut *voir, entendre, flairer, goûter,* ou *toucher.*
Ces phrases seront courtes et à leur portée. Par exemple :
*Allez voir Jules; regardez son lit; Donnez-moi un
livre; Papa est ici,* etc.

2° Toutes les fautes que les enfans pourront faire en
épelant les *mots* par les idées ne seront que de deux espèces. Tantôt de *deux mots* ils *n'en feront qu'un.*
Ainsi ils diront *monlit* en un seul. Faites-leur distinguer et séparer les idées de ces mots par les gestes différens que chacun d'eux exige, savoir, *mon,* geste qui
exprime une personne, moi, ou à moi; *lit,* geste qui désigne cet objet ; ils apercevront leur faute à l'instant :
parlez ensuite à leur esprit par l'analogie, et faites-leur
sentir que *mon* n'est joint à *lit* que par hasard, et que
je puis également le placer avant *livre, chapeau, bonnet* dans un autre cas, puisque je puis dire *mon livre,
mon chapeau, mon bonnet.* Tantôt *d'un seul mot ils
en feront deux.* Par exemple, ils diront que *rentrer*
forme deux mots; *ren-trer.* Pour lors demandez-leur
qu'est-ce que ces deux mots *ren* et *trer* signifient séparément? quelles idées ils expriment, par quels gestes on
pourrait les désigner? Ils ne manqueront pas de s'apercevoir qu'ils se sont trompés.

3° Il peut arriver quelquefois qu'un mot, qui par lui-même n'exprime qu'une idée, étant divisé, en exprime deux. Comme, par exemple, le mot *platane*, qui, en parlant, peut signifier *plat-âne*, le mot *merveille*, qui peut signifier *mer-veille*; et le mot *malheureux*, qui peut signifier *mal-heureux*, etc. Ces combinaisons captieuses de la langue induiront quelquefois en erreur les enfans; mais par la même raison elles pourront leur apprendre à mieux distinguer les mots par les idées. Ainsi, lorsque les enfans trouvent un calembourg, laissez-les libres d'en faire un mot ou deux à leur fantaisie; pourvu que ces mots, ensemble ou séparément, soient réellement des mots, c'est-à-dire qu'ils expriment quelque idée; mais vous aurez toujours soin de leur faire apercevoir le contre sens de la phrase, s'il y en avait un. Par exemple, si, en parlant d'une jambe cassée, on disait : *Il est malheureux que cela soit arrivé*, et que l'enfant en épelant cette phrase voulût trouver deux mots dans le seul mot *malheureux*, on lui ferait sentir combien ces deux idées, c'est-à-dire *mal* et *heureux*, sont déplacées à propos d'une jambe cassée.

4° Lorsque les enfans (comme il arrive dans plusieurs éducations particulières) connaissent, quoique par routine, quelque langue étrangère, on pourrait en tirer parti pour leur faciliter l'exercice d'épeler les mots dans leur propre langue, et pour les corriger des fautes qu'ils pourraient faire en les épelant. On les obligera, lorsqu'ils se trompent, de rendre la phrase de leur langue par une traduction littérale de la langue étrangère. Par exemple, si vous leur demandez combien de mots se trouvent dans cette phrase : *Il s'en charge*, et que l'enfant vous réponde qu'il y en a trois au lieu de quatre, faites-lui voir qu'il s'est trompé, d'abord par l'analyse des gestes (dont nous avons assez démontré l'utilité, et qui lui peindra aux yeux les quatre idées); ensuite faites-lui traduire littéralement la phrase en italien, s'il connaît cette langue; et par ce moyen il ne manquera pas de distinguer les quatre mots et les quatre idées qui la composent. En traduisant *Il s'en charge* par ces mots, *Egli, se, ne, incarica;*

ses yeux seront frappés, son esprit sera averti par cette langue étrangère des quatre mots qui lui échappaient dans la sienne. Une langue est toujours un excellent moyen pour analyser les idées d'une autre.

5° Les sept monosyllabes LE, LA, LES, DU, DES, AU, AUX, pourront arrêter les enfans dans l'exercice que nous proposons. Comme ces monosyllabes n'expriment que le *rapport* d'un mot avec un autre, les enfans ne sauront, ni quelle *idée* attacher à ces mots, ni par quel *geste* les rendre. Il serait donc nécessaire de les en prévenir avant qu'ils commencent leur exercice. On pourra les leur faire apprendre par cœur dès les premiers jours, en leur disant que ces monosyllabes sont des mots qui auront une signification réelle pour eux lorsqu'ils seront plus avancés. En attendant, ils se contenteront de les appeler des monosyllabes, c'est-à-dire des mots d'une seule syllabe. Ainsi, dans cette phrase, *Je flaire la rose du jardin*, ils diront JE, mot qui exprime moi, ma personne; FLAIRE, mot qui désigne l'action de flairer; LA, monosyllabe du mot suivant; ROSE, mot qui indique cette fleur; DU, monosyllabe du mot suivant; JARDIN, mot qui signifie l'endroit que vous voyez. Ils épelleront de même les autres monosyllabes dans les phrases *Tu déchires le livre de papa*; *Il aime les ananas des Indes*; *Vous parlez aux domestiques.* On leur fera observer que les monosyllabes LE, LA, etc., ne tiennent aux mots, *rose*, *livre*, etc., que d'une manière accidentelle, puisque les mots *rose*, *livre*, etc., signifient d'ailleurs une *rose*, un *livre*, sans les mots LA et LE, qui les précèdent: en effet on ne dit pas *Je vous donne une la rose*, mais *une rose*; Vous me prêtez *un le livre*, mais *un livre*.

6° Les dix monosyllabes, JE, ME, TE, SE, CE, DE, NE, LE, LA, QUE, lorsqu'ils sont élidés avant des mots qui commencent par une voyelle, pourront échapper aussi aux enfans, qui les confondront avec le mot qui suit; et ils diront *j'espère*, il *m'aime*, je *t'écoute*; elle *s'amuse*; *c'est* plaisant; fleur *d'orange*; *n'entendez-vous* pas *l'orage*?

etc., etc. Mais qu'on les fasse raisonner par l'analyse, ils apercevront à l'instant leur faute. Dans le fond, ils savent bien que ces mots *espère*, *aime*, *écoute*, etc., sont des mots entiers, et que chacun d'eux exprime une idée particulière et complète sans les J', M', T', S', C', D', N', L', QU' qui les précèdent; ainsi il ne reste qu'à leur faire observer que ces J', M', T', etc., signifient *je, moi, toi*, etc., qu'ils sont par conséquent des mots.

7° Les enfans, dira-t-on, peuvent analyser aisément les mots *sensibles* et *matériels*, mais non pas les mots *abstraits* et *spirituels*? Je réponds qu'ils analyseront les uns aussi bien que les autres ; puisque les mots les plus *généraux* et les plus *abstraits* ne sont que des mots qui expriment des sensations. Qu'on étudie avec attention le développement de l'esprit des enfans, et l'on verra avec étonnement que ces êtres, à qui nous accordons bien souvent si peu d'intelligence, guidés par une logique naturelle, et peut-être plus sûre que la nôtre, ne manquent jamais de réduire au sens physique et aux objets individuels les mots abstraits et les termes les plus généraux. Par exemple, ils comprendront le sens des mots abstraits *bienfaisance, générosité, magnanimité*, d'après l'idée particulière d'un homme *bienfaisant, généreux, magnanime*. L'idée d'un *patriote*, comme l'observe M. Bonnet, *Essai analytique sur l'âme*, t. 1, chap. 16, sera pour eux, tantôt celle d'un homme qui offre une somme d'argent à sa patrie, tantôt celle d'un homme qui défend un rempart, etc., etc.

8° Il peut arriver quelquefois que les enfans soient arrêtés par des mots vides de sens ; pour lors il est important d'en donner une signification qui soit à portée de leur intelligence. Ainsi, supposons que l'élève n'entende pas les mots abstraits *étendue, différence*, on lui montrera une plaine *étendue*, une *rivière qui s'étend*; on lui fera le geste d'*étendre* le bras ; l'enfant ne manquera pas de comprendre par l'*étendue* de la plaine, de la rivière, du bras, ce que c'est que l'*étendue*. De même on lui fera comprendre, par des applications particulières, la signification du mot *différence*, en lui disant : une pomme n'est-elle pas *différente* d'une cerise ? Le jour n'est-il pas *différent* de la nuit ? Ne dites-vous pas qu'il y a de la *différence* entre une pomme et une cerise, entre le jour et la nuit ? Eh bien, vous entendez ce que le mot *différence* signifie.

Voilà le procédé qu'on doit suivre pour former les enfans de bonne heure à l'analyse, et pour enrichir leurs facultés de connaissances claires. Les faits précéderont toujours les raisonnemens, la pratique sera toujours substituée à la théorie, et l'idée générale sera toujours remplacée par l'idée des objets particuliers.

Dans mes *Leçons de Grammaire en action* (vol. 1, Dialogue premier), on trouvera mise en pratique l'énumération des mots des phrases telle que je viens de la proposer.

TROISIÈME MOYEN.

Faire partager aux enfans les MOTS *de la langue en trois classes principales.*

LES peuples qui se sont formé des langues n'ont pas eu d'abord de grammaires bien longues. Ils y sont parvenus par degrés. Leurs langues, pauvres de mots et dépourvues des expressions de rapports, n'ont dû offrir, au commencement, qu'une grammaire simple et facile.

On aurait pu, je crois, réduire cette grammaire à un dictionnaire à trois colonnes. Dans la première, on aurait classé tous les mots qui expriment une *personne*, une *chose*, une *qualité*, et on les aurait appelés des NOMS (1).

---

(1) La distinction de l'*adjectif* et du *substantif* aurait échappé à cette langue ; l'un aurait tenu lieu de l'au-

Dans la seconde, on aurait classé tous les mots qui exprimaient l'*existence*, l'*état*, c'est-à-dire l'*être*; ensuite ceux qui expriment la *possession* et l'*action*; et on les aurait appelés des VERBES. Dans la troisième, on aurait classé tous les mots qui, n'étant ni *noms* ni *verbes*, se joignent avec eux pour en exprimer une *circonstance*, une *particularité*, un *rapport*; et on les aurait appelés des COMPLÉTIFS ou des PARTICULES.

Tel aurait été, ce me semble, l'ordre grammatical que ces langues auraient pu adopter; et tel est celui qu'on pourrait donner, même aujourd'hui, à plusieurs langues sauvages, à celle des enfans, et à celle des nègres : « *Monsieur — venir — demain. — Voiture — aller* « *—vite.— Moi — boire — peu.—Toi—danser — bien.* « *— Vous — marcher — mal*, etc., etc. » Voilà comme ces derniers vous parlent. Qu'on fasse l'analyse de ces phrases, et l'on aura bientôt connu les *trois parties d'oraison* de cette langue; on en aura appris toute la grammaire. *Monsieur* est un NOM, parce qu'il désigne une *personne*; — *Venir* est un VERBE, parce qu'il désigne une *action*; — *Demain* est une PARTICULE, parce qu'il n'est ni NOM ni VERBE, et qu'il fait un sens avec le mot *venir*.

Mais supposons que ce même nègre reste long-temps en France, que sa langue brute, pour ainsi dire, devienne exacte et élégante, qu'elle se perfectionne, qu'elle acquière l'expression des rapports les plus compliqués

---

tre. On sait qu'il y a des langues dans lesquelles les substantifs *insecte* et *montagne* servent à exprimer les adjectifs *petit* et *grand*; ainsi ils disent *homme insecte, homme montagne*. Nous-mêmes nous disons souvent *il est un aigle, un géant*, au lieu de dire *il est clair-voyant, ou grand*. Les Chinois, pour exprimer une *poule sauvage*, réunissent les signes de *poule* et de *bois*, pour *homme sauvage*, ceux d'*homme* et de *bois*.

(soit par l'usage comme celle des enfans, soit par l'étude de la grammaire), que ce nègre enfin nous dise : — *Monsieur viendra demain*, au lieu de dire, — *Monsieur venir demain*, il est sûr que cette phrase, quoique devenue française, n'est pas moins réductible aux trois mêmes parties radicales et primitives du discours qu'elle ne l'était auparavant.

En effet, le mot *monsieur* sera toujours un NOM (quoique la grammaire puisse l'appeler ensuite *substantif masculin*, etc.) *Viendra* sera toujours un VERBE (quoique la grammaire puisse y ajouter ensuite les rapports de *troisième personne*, de *singulier*, de *futur*, d'*indicatif*, etc.) *Demain* sera toujours une PARTICULE, (quoique la grammaire puisse la déterminer ensuite avec la dénomination d'*adverbe de temps*).

NOM, VERBE et PARTICULE sont donc la grammaire fondamentale et primitive de toutes les langues.

Les plus fameux philosophes, les plus grands orateurs, et les grammairiens les plus célèbres de l'antiquité ne reconnaissent que trois parties pour premiers élémens du discours, les NOMS, les VERBES et les CONJONCTIONS. C'est Denys d'Halicarnasse qui nous l'apprend, en admettant lui-même cette simple division. Il cite l'autorité d'Aristote et de Théodecte, et il ajoute que ce furent les Stoïciens qui les premiers admirent quatre élémens dans le discours, en séparant les *articles des conjonctions*. Ceux qui leur succédèrent multiplièrent encore ces divisions et les élémens du discours. Voyez Denys d'Halicarnasse, *de Structurâ orationis*, ch. II.

Or, cette division naturelle, simple et facile, est celle que je voudrais qu'on fît connaître aux enfans avant de leur présenter aucun traité de grammaire. Ils ne devraient pas nommer, du premier jour, l'*adjectif*, le *substantif*, le *pronom*, mais le NOM en général; ni le *verbe* et le *participe* séparément, mais le VERBE en général; ni la *préposition*, l'*adverbe*, la *conjonction* et l'*interjection*, mais simplement la PARTICULE.

Il faut toujours que notre esprit se porte sur un ensemble, pour que la connaissance des parties se développe plus clairement. En effet, comme l'a observé Condillac, nous n'analyserions jamais un objet qui s'offre à nos yeux, par exemple, la vue d'une campagne, si nous ne voulions en voir qu'une partie à-la-fois : il faut que l'œil embrasse d'abord toute cette vue; et qu'ensuite, en la partageant dans ses parties principales (savoir : en une plaine d'un côté, une montagne de l'autre, et un bois dans le milieu), il finisse par attribuer à chacune de ces parties principales les objets qui lui sont propres. C'est ainsi que tout peintre n'achève les traits particuliers qu'après avoir fixé l'ensemble de la figure dans ses grandes parties.

J'entrerais peut-être dans un détail trop long et trop minutieux, si, pour justifier la nouveauté de ma méthode, je voulais faire connaître comment l'analogie de toutes les sciences et de tous les arts m'a conduit à l'adopter; mais ce n'est pas seulement l'analogie, c'est encore l'expérience qui démontre la vérité de ce principe, de ne présenter aux enfans la grammaire que sous les trois branches générales de NOM, VERBE, PARTICULE, pour leur faire connaître ensuite les autres qui en dépendent.

J'ai long-temps suivi le développement des facultés des enfans; ils m'ont beaucoup intéressé, je n'ai pas manqué de les consulter souvent; je me suis convaincu toujours avec satisfaction que les enfans, étant familiarisés, dès les premières semaines, avec cette division primitive et méthodique du langage, étaient en état de démêler ensuite, presque d'eux-mêmes, les règles des grammaires ordinaires. En effet, ils ne faisaient qu'ajouter sur un fonds qu'ils connaissaient déjà les idées qui s'y rapportaient. Voici quelles sont les règles à suivre pour former les enfans d'une manière claire, expérimentale, et même amusante, à la connaissance de cette division générale des trois parties du discours.

Pour le NOM, on commencera par enseigner aux enfans que tous les mots qui expriment une *personne*, une *chose*, une *qualité*, s'appellent des *noms*, et on leur en donnera une foule d'exemples. Mais cela ne suffit pas. Il faut les exercer à en trouver d'eux-mêmes; c'est alors qu'on sera sûr qu'ils connaîtront clairement les NOMS. Ainsi vous leur direz : *Trouvez-moi dix noms de* CHOSES *qui soient dans le* JARDIN ? Ils vous diront : *bêche, terre, arbre, mur,* etc., etc. *Trouvez-en autant dans la* CHAMBRE, ensuite *dans la* RUE, *dans l'*ÉGLISE, etc., etc., etc. Pour peu que vous les aidiez, ils auront bientôt trouvé un grand nombre de NOMS de CHOSES.

Qu'ils trouvent autant de NOMS DE PERSONNES 1º en nommant celles qu'ils connaissent, comme *Pierre, Jacques,* etc., etc.; 2º en nommant celles qu'ils ne connaissent que par leur *état,* leur *profession,* leur *métier.* Par exemple: *Roi, Prince, Evêque, Abbé, Jardinier, Tailleur, Domestique,* etc., etc.

Vous leur ferez ajouter ensuite des NOMS DE QUALITÉS à ces mêmes *personnes* et à ces mêmes *choses* qu'ils ont nommées déjà. Ainsi ils vous diront : *l'arbre est haut,* le *mur est blanc,* etc., etc., le *Roi est bon,* le *Prince est clément,* etc.

Pour le VERBE. On suivra le même procédé que pour le NOM. Après avoir expliqué aux enfans que tous les mots qui expriment l'*état* ou l'*existence,* la *possession,* l'*action,* s'appellent des VERBES; et après leur en avoir donné plusieurs exemples, on leur en fera trouver à eux-mêmes un certain nombre de ceux qui marquent, 1º les actions extérieures, par exemple, de la MAIN, comme *coudre, égratigner, battre, écrire, frapper,* etc.; de la BOUCHE, comme *parler, crier, chanter, manger, boire,* etc., etc.; des JAMBES, et de tout le CORPS, comme *danser, se promener, courir,* etc., etc., 2º les actions des cinq sens du corps, comme *voir, ouïr, flairer, toucher, goûter, sentir,* etc., etc.; 3º les opérations de l'esprit, *penser, douter, vouloir,* etc.

Pour la PARTICULE. On commencera par dire aux enfans que tous les mots qui restent dans la langue, et qui ne sont ni *noms* ni *verbes,* s'appellent des PARTICULES.

Ils vous demanderont à quoi elles servent : vous leur direz qu'elles expriment une *particularité*, une *circonstance*, un *rapport*, soit du NOM, soit du VERBE ; et pour leur faire connaître cette vérité en pratique, vous leur présenterez sous les yeux plusieurs exemples dans le genre de ceux-ci. On écrira sur autant de morceaux de papier séparés les mots d'une phrase quelconque, où il ne se trouve aucune particule : par exemple : (JE SUIS ALEXANDRE.) Les enfans distingueront d'abord les *noms* du *verbe*. Ensuite, entre les deux morceaux de papier, sur lesquels se trouvent les mots SUIS et ALEXANDRE, on en placera un troisième, où l'on aura écrit une *particule*, par exemple, AVEC ; voilà le sens de la phrase changé tout-à-fait. Pourquoi ? C'est parce que le mot *avec*, qui n'est ni NOM ni VERBE, comme on le voit, est venu exprimer la *circonstance*, la *particularité*, le *rapport* de mon union avec ALEXANDRE, de ma place auprès de lui, et que ce mot a changé la signification primitive de la phrase. De même on placera un nombre d'autres particules entre SUIS et ALEXANDRE, par le moyen de différens morceaux de papier qui se succéderont, et l'on formera cette figure.

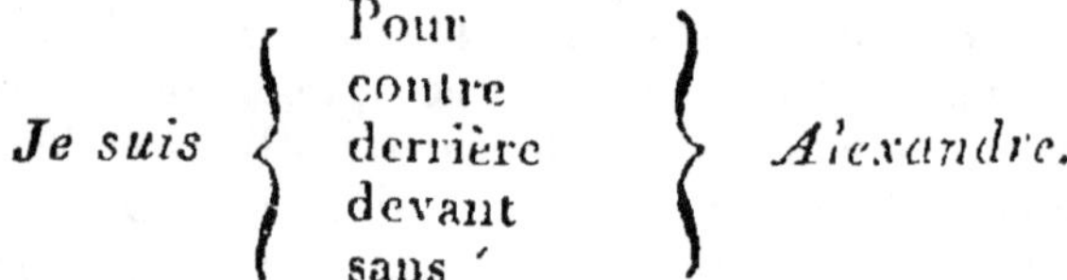

Les enfans verront évidemment que le commencement et la fin de la phrase restant les mêmes, la partie intermédiaire en change le sens par le moyen des mots, *pour*, *contre*, etc., etc., etc. Eh bien ! on leur dira que ces mots qui changent les rapports sont des *particules*.

Par le même procédé, ils pourront connaître les particules qui changent les *circonstances*, les rapports des *verbes* ; par exemple :

$$\textit{Vous dansez. . .}\left\{\begin{array}{l}\text{bien.}\\\text{mal.}\\\text{légèrement.}\\\text{gaîment.}\\\text{beaucoup.}\\\text{peu, etc., etc.}\end{array}\right.$$

Les premières phrases dont on donnera à classer les *mots* aux enfans seront, le plus qu'on le pourra, simples et claires. Je voudrais qu'elles fussent tirées, autant qu'il est possible, du jargon des enfans. On en pourra choisir dans nos *Lectures graduées.*

Après avoir transcrit sur un papier ces phrases, on engagera les enfans à faire des marques avec un crayon noir, sous tous les NOMS; avec un crayon rouge, sous tous les VERBES; et à laisser en blanc toutes les PARTICULES. Ou bien ils pourront écrire, sous chaque mot, une des lettres initiales N. V. P. qui veulent dire NOM, VERBE, PARTICULE. Par exemple,

Philippe vit dans la rue un petit garçon qui pleurait.
N.   V. P. P. N. N. N.   N.   N. V.

Pour aider les enfans dans l'exercice de classer d'eux-mêmes les MOTS, voici quelles sont les règles qu'on peut leur donner. On leur dira : Toutes les fois que vous êtes embarrassé pour connaître si un MOT est un *nom* ou un *verbe*, ou une *particule*, voyez si vous pouvez y ajouter PERSONNE ou CHOSE, BON ou MAUVAIS, GRAND ou PETIT; dites alors que c'est un NOM. Si vous pouvez y ajouter ces mots BIEN ou MAL, dites alors que c'est un VERBE. Si vous ne pouvez y ajouter ni les uns ni les autres de ces mots, vous pouvez en déduire alors que c'est une PARTICULE.

L'expérience seule peut faire voir combien ce triple exercice préliminaire, savoir, 1° de *distinguer les mots des sons*; 2° de *faire l'énumération des mots* d'une phrase; 3° de les *arranger dans leurs classes principales*, contribue à donner aux enfans des idées claires du langage, et à leur faciliter ensuite la connaissance de la grammaire.

Je n'ignore pas que cette méthode exige beaucoup de patience, de douceur et de travail de la part de ceux qui l'enseignent; mais aussi seront-ils dédommagés par le plaisir d'avoir dompté un monstre effroyable aux yeux des enfans, tel que peut leur paraître la grammaire; de leur avoir fait un amusement et un sujet de conversation de ce qui cause leur tourment et leur ennui. Qu'on soit une fois convaincu que ce n'est qu'en prenant un peu de peine soi-même qu'on peut réussir à en épargner beaucoup aux enfans; que ce n'est pas en leur faisant apprendre une ou plusieurs grammaires par cœur qu'on parviendra à en faire des grammairiens; c'est en leur apprenant à raisonner; c'est en formant leur jugement.

Pour bien savoir la grammaire, il ne faut que très peu de mémoire; il suffit de combiner avec une attention même médiocre un petit nombre de rapports. Nous recommandons seulement de ne pas faire passer les enfans à une nouvelle leçon, sans qu'ils aient compris la précédente. *Voyez nos Leçons de grammaire en action*, *vol.* i. (*Dialogue second*).

AVIS

AUX INSTITUTEURS.

Donner une leçon à apprendre et se borner ensuite à la faire réciter, ce n'est pas enseigner la grammaire. Si l'on veut que l'élève apprenne autre chose que des mots, si l'on veut qu'il comprenne ce qu'il apprend et qu'il retienne ce qu'il a compris, il faut se mettre toujours à sa portée, lui faire découvrir les règles par des exemples, l'amener à faire lui-même la définition et lui faire faire, par des exemples variés, l'application de ce qu'il a appris. Telle est la tâche qu'impose au maître la méthode de l'abbé Gaultier. Les instructions qui précèdent font connaître l'esprit de cette méthode ; l'ouvrage intitulé : *Leçons de Grammaire en action* en montre la pratique. Nous y renvoyons les parens et les instituteurs. Nous nous bornerons à donner ici quelques détails sur l'emploi des *jetons*, à l'aide desquels on peut rendre la leçon si intéressante ; sur la manière de faire l'*analyse grammaticale*; sur le jeu des *étiquettes*, et enfin sur l'usage qu'en doit faire du volume d'*Exercices* qui accompagne cette Grammaire.

Si l'enseignement est simultané, l'instituteur donne à chaque élève un certain nombre de *jetons* pour enjeu. Toutes les fois que l'élève interrogé répond bien, il reçoit un jeton ; toutes les fois qu'il se trompe, il en paie un, soit au maître, soit à l'élève qui le reprend. C'est d'abord au voisin de droite à corriger ; s'il ne sait pas, la parole passe au suivant et ainsi de suite. Le maître ne doit reprendre lui-même que lorsque aucun élève n'a pu le faire.

A la fin de la leçon, les élèves comptent leurs jetons ; celui qui en a gagné le plus est proclamé *président*, celui qui vient immédiatement après est *sous-président*. A la leçon suivante, le premier se place à la droite de l'instituteur et le second à la gauche. Le maître doit distribuer

c.

les jetons avec exactitude et interroger tous les élèves un nombre égal de fois, afin de donner à tous des chances égales de succès. Si l'enseignement est individuel, on peut encore employer les jetons avec avantage. Le maître établit la lutte entre lui et l'élève : celui-ci gagne un jeton pour chaque bonne réponse ; en perd un toutes les fois qu'il se trompe ; à la fin de la leçon, le maître compte les jetons gagnés par l'élève. Il en tient compte et fixe une récompense pour une certaine somme de jetons.

Pour faire l'*analyse grammaticale*, il faut avoir une feuille de papier, une ardoise ou un tableau noir partagé en dix colonnes. Dans une marge à gauche, on écrira les mots de la phrase à analyser les uns au-dessous des autres. Dans la première colonne, on indiquera à laquelle des trois parties primitives du discours, et dans la seconde à laquelle des dix parties secondaires du discours chaque mot appartient ; dans la troisième, la quatrième et la cinquième, on marquera le genre, le nombre et le cas des noms ; dans la sixième, la septième, la huitième et la neuvième, on indiquera le nombre, la personne, le temps en général et le mode du verbe personnel. Dans la dixième, on indiquera toutes les divisions et les subdivisions des dix parties du discours. On pourra n'écrire que les lettres initiales de chaque mot : subs. pour substantif, etc. *Exemple :*

	1	2	3	4	5	6	7	8	9	10
Paul	nom.	subst.	masc.	sing.	nom. de vient	. . .	. . .	, . .	. . .	pro.
ne	part.	adv.	. . .	. . .	. . .	. . .	. . .	. . .	. . .	nég.
vient	verb.	pers.	. . .	. . .	. . .	sing	3e p.	pré.	ind.	3e c. neutr.
plus	part.	adv.	. . .	. . .	. . .	. . .	. . .	. . .	. . .	nég.
te	nom.	pro.	masc.	sing.	acc. de voir	. . .	. . .	. . .	. . .	pers.
voir.	verb.	inf.	. . .	. . .	. . .	. . .	. . .	. . .	. . .	3e c. act.

Dans l'enseignement simultané, le maître, au lieu de faire lui-même toutes les questions auxquelles donne lieu cette analyse, doit exercer les élèves à se proposer les questions entre eux ; cette marche est d'autant plus utile à leur instruction, que, dans cet exercice, celui qui fait la demande est obligé de songer à la question et à la réponse en même temps. Lorsque l'élève a répondu, le maître doit lui demander ou lui faire demander par un autre élève la raison de sa réponse, raison qu'il trouve toujours dans la définition : par ce moyen on s'assure que l'enfant a raisonné et qu'il ne doit pas sa réponse au hasard. Exemple :

PAUL. Quelle espèce de mot ? *Nom.* Pourquoi ? Parce qu'il exprime une personne. — Quelle espèce de nom ? *Substantif.* Pourquoi ? Parce qu'il exprime une personne. Quel genre ? *Masculin.* Pourquoi ? parce qu'il exprime un mâle. — Quel nombre ? *Singulier.* Pourquoi ? parce qu'il exprime une seule personne. — Quel cas ? *Nominatif.* Pourquoi ? Parce qu'il exprime la personne qui fait l'action de venir. — Quelle espèce de substantif ? *Propre.* Pourquoi ? Parce qu'il ne convient pas à tous les individus de la même espèce.

Chaque élève fait à son tour sur le tableau l'analyse d'un mot de la phrase ; lorsqu'il se trompe, il est sur-le-champ remplacé au tableau par l'élève qui l'a corrigé. Pour exercer les élèves à l'analyse grammaticale, il ne faut point attendre qu'ils aient vu toute la première partie de la grammaire : il suffit qu'ils sachent ce qu'il faut pour remplir les deux premières colonnes ; ils remplissent successivement les autres à mesure qu'ils avancent dans la grammaire.

Les enfans oublient promptement ce qu'ils ont appris ; pour le graver dans leur mémoire, il y faut revenir souvent ; voici comment on peut le faire. On met dans un sac autant d'*étiquettes*, ou de *boules* étiquetées que les élèves savent de définitions, et l'on place sous leurs yeux le *Tableau généalogique des rapports de la grammaire* joint à l'*Atlas de grammaire.* Chaque élève tire

successivement du sac un des numéros ou boules étiquetées, il le place sur la case correspondante du tableau et
en fait l'*explication*. — Faire l'explication d'un numéro
ou boule, c'est 1º *donner* la définition ; 2º *citer* quelques
exemples ; 3º *appliquer* un de ces exemples dans une
phrase. Ainsi pour le nº 16, *substantif masculin*, l'instituteur dira : *Qu'est-ce qu'un substantif masculin?*
L'élève répondra : C'est un substantif qui exprime un
mâle, ou qui peut être précédé par les mots *le, un*. (Un
jeton.) INST. *Donnez des exemples de substantifs
masculins.* EL. L'homme, le jardin, un rossignol. (Trois
jetons.) INST. *Faites une phrase où se trouve le substantif* jardin. EL. Mon jardin est fort joli. (Un jeton.)

Si l'élève rappelle quelque trait d'histoire, comme *le
jardin où furent placés Adam et Ève s'appelait le
paradis terrestre:* ou s'il exprime quelque pensée utile,
quelque vérité morale, le maître récompensera le mérite
de la phrase par un nombre proportionné de jetons.

Le volume d'*Exercices* est divisé en quatre parties. La
première offre un choix de phrases où l'on voit successivement appliquées toutes les définitions de la grammaire.
Ces phrases sont les plus propres à servir de matière à
l'analyse grammaticale. La seconde partie contient des
sujets de dictée sur les difficultés de l'orthographe et sur
les homonymes. La troisième offre un recueil de phrases
ou de locutions vicieuses que l'élève devra corriger. La
quatrième se compose d'un choix de phrases et de périodes propres à exercer les élèves sur l'analyse logique.

TABLE.

PREMIÈRE PARTIE.
GRAMMAIRE PROPREMENT DITE OU GÉNÉRALE.

DEUXIÈME PARTIE.
ORTHOGRAPHE ET SYNTAXE.

TROISIEME PARTIE.

CONSTRUCTION DES PHRASES ET DES PÉRIODES.

LIVRE PREMIER.

CONSTRUCTION DES PHRASES.

LIVRE SECOND.

CONSTRUCTION DES PÉRIODES.

LEÇONS
DE GRAMMAIRE.

PREMIÈRE PARTIE.
GRAMMAIRE PROPREMENT DITE OU GÉNÉRALE.

LEÇON PRÉLIMINAIRE.

Qu'est-ce que la Grammaire? C'est l'art de parler et d'écrire correctement.

Qu'emploie-t-on pour parler et pour écrire? On emploie des mots.

De quoi les mots sont-ils composés? Ils sont composés de lettres.

Combien y a-t-il de sortes de lettres? Il y a deux sortes de lettres, les *voyelles* et les *consonnes.*

Comment divise-t-on les voyelles? Les *voyelles,* ainsi appelées parce que seules elles forment une voix, un son, se divisent en *simples* et en *composées.* Les voyelles simples sont : *a, e, é, è, i, o, u, y.* Les voyelles composés sont : *eu, ou, an, in, on, un.* Les quatre dernières sont appelées voyelles *nasales,* parce qu'on les prononce un peu du nez.

Comment nomme-t-on les trois sortes d'e? On les appelle *e muet, é fermé, è ouvert.* Le son de l'e muet est sourd et peu sensible, comme dans *me*, *table*, *livres*, *ils portent*, et quelquefois nul, comme dans *je prie*, *dévouement*. L'é fermé se prononce la bouche presque fermée, comme dans *bonté*, *danger*, *nez*. On prononce l'é ouvert, la bouche ouverte et en desserrant les dents. Exemples : *Procès*, *modèle*, *jette*.

Comment l'y se prononce-t-il ? Lorsqu'il est précédé d'une voyelle, il se prononce comme deux *i* ; dans tout autre cas, il n'a que la valeur de l'*i* simple. Exemples : *Paysan* (pai-isan), *essuyer* (essui-ier), *martyr* (martir).

Comment classe-t-on les voyelles par rapport à la manière dont on les prononce ? En voyelles *longues* et en voyelles *brèves*. Les voyelles *longues* sont celles sur lesquelles on appuie long-temps en les prononçant ; les voyelles *brèves* sont celles sur lesquelles on passe rapidement. Ainsi,

a est long dans *pâte* et bref dans *patte*.

e est long dans *tempête* et bref dans *trompette*.

i est long dans *gîte* et bref dans *petite*.

o est long dans *apôtre* et bref dans *dévote*.

u est long dans *flûte* et bref dans *butte*.

eu est long dans *jeûne* (abstinence) et bref dans *jeune* (qui n'est pas âgé).

ou est long dans *croûte* et bref dans *doute*.

Quelles sont les consonnes ? Ce sont *b*, *c*, *d*, *f*, *g*, *h*, *j*, *k*, *l*, *m*, *n*, *p*, *q*, *r*, *s*, *t*, *v*, *x*, *z*. Ces lettres se nomment *consonnes*, parce qu'elles ne peuvent exprimer un son qu'avec le secours des voyelles.

Qu'entend-on par h muette et h aspirée ? L'h

muette est celle qui n'ajoute rien à la prononciation, comme dans ces mots : l'*homme*, l'*histoire*,
qu'on prononce comme s'il y avait l'*omme*, l'*is-
toire*. L'*h* aspirée est celle qui fait prononcer avec
aspiration, c'est-à-dire du gosier, la voyelle qui
suit. Ainsi on écrit et on prononce séparément : le
hameau, la *haine*, les *haricots*. On ne pourrait
ni écrire, ni prononcer l'*hameau*, l'*haine* ; on
ne dit pas les *zaricots*.

Qu'est-ce qu'une syllabe ? C'est une ou plusieurs
lettres qui se prononcent par une seule émission
de voix. Exemples : *a*, *ba*, *bla*, *blan*.

*Comment appelle-t-on les mots d'après le nom-
bre de syllabes qui les composent ?* Les mots formés
d'une syllabe se nomment *monosyllabes*. Exemples : *gant*, *Paul* ; et les mots formés de plusieurs syllabes s'appellent *polysyllabes*. Exemples:
A-mi, *ta-bou-ret*, *a-gré-a-ble-ment*.

*Tout assemblage de lettres ou de syllabes forme-
t-il un mot ?* Non. Pour qu'un assemblage de lettres ou de syllabes forme un mot, il faut qu'il soit
le signe d'une idée, autrement ce ne serait qu'un
son de la voix, un bruit insignifiant.

*Comment appelle-t-on tout assemblage de mots
qui forment un sens complet ?* On l'appelle *phrase*.

*Combien y a-t-il de mots dans cette phrase :
Venez embrasser votre maman ?* Il y en a quatre :
Venez — *embrasser* — *votre* — *maman*.

*N'y a-t-il pas des monosyllabes qui semblent
n'exprimer aucune idée par eux-mêmes et qui cependant sont des mots ?* Oui, ce sont : *Le*, *la*, *les*,

le, *des*, *au*, *aux*, qu'on nomme *articles*; ils précèdent les mots qui expriment des personnes ou des choses.

Donnez des exemples de l'emploi de ces articles. *Le* roi, *la* plume, *les* doigts, *du* pain, *des* livres, *au* jardin, *aux* hommes.

Quels sont les monosyllabes qui perdent quelquefois leur voyelle finale? Ce sont : *Je*, *me*, *te*, *se*, *ce*, *de*, *ne*, *le*, *la*, *que*. Ces mots perdent la voyelle qui les termine lorsqu'ils sont suivis d'un mot qui commence par une voyelle. Cette suppression d'une voyelle se nomme *élision*.

Par quel signe indique-t-on l'élision? Par ce signe ', qu'on appelle *apostrophe* et qui tient lieu de la voyelle retranchée.

Donnez des exemples d'élision.

j'espère gagner,	*pour*	JE espère gagner.
il M'aime,	——	il ME aime.
je T'écoute,	——	je TE écoute.
elle s'amuse,	——	elle SE amuse.
c'est plaisant,	——	CE est plaisant.
fleur D'orange,	——	fleur DE orange.
N'oublie pas,	——	NE oublie pas.
je crains L'orage,	——	je crains LE orage.
L'aurore paraît,	——	LA aurore paraît.
QU'avez-vous?	——	QUE avez-vous?

La voyelle *i* s'élide dans *si*, quand ce mot est suivi de *il*, *ils*. Exemples : *S'il* vient, *s'ils* viennent, pour *si il* vient, *si ils* viennent.

En combien de classes peut-on ranger tous les mots d'une langue? En trois classes, savoir : le NOM, le VERBE et la PARTICULE.

CHAPITRE PREMIER.
PARTIES PRIMITIVES DU DISCOURS.

NOM, VERBE, PARTICULE.

1.

Qu'est-ce qu'un NOM *en général ?* C'est tout mot qui exprime une personne ou une chose, ou la qualité d'une personne ou d'une chose. (1)

Exemples : *Victor, vous, messager, appartement, méchant, joli.*

Combien y a-t-il d'espèces de noms ? Il y en a trois : le SUBSTANTIF, l'ADJECTIF et le PRONOM.

2.

Qu'est-ce qu'un VERBE *en général ?* C'est tout mot qui exprime l'existence, la possession ou l'action, c'est-à-dire qu'une personne ou une chose EST, A OU AGIT.

Exemples : *être, avoir, courir ;* je *suis,* j'*avais,* je *courrai ;* été, *ayant, couru, courant.*

----

(1) Par nom de qualité on n'entend pas seulement les mots qui expriment des qualités bonnes ou mauvaises, comme *aimable, méchant,* mais tout mot qui détermine le sens d'un nom de personne ou de chose, comme *ce, chaque, aucun.* Ex. : *Ce cheval, chaque homme, aucun enfant.*

De combien de manières le même verbe est-il employé dans le discours ? De trois manières : COMME PERSONNEL, COMME RADICAL OU INFINITIF et COMME PARTICIPE.

3.

Qu'est-ce qu'une PARTICULE *en général* (1) ? C'est tout mot qui n'est ni nom ni verbe.

Exemples : *dans, bien, mais, oh,* etc.

En quoi la particule diffère-t-elle essentiellement du nom et du verbe ? Le nom et le verbe sont des mots variables, c'est-à-dire dont la terminaison change ; la particule, au contraire, est invariable. *Bon, bons, bonne, bonnes,* sont différentes formes d'un même nom. Les particules *dans, bien, mais, oh,* ne sont susceptibles d'aucun changement.

Combien y a-t-il d'espèces de particules ? Il y en a quatre, qui sont : la PRÉPOSITION, l'ADVERBE, la CONJONCTION et l'INTERJECTION.

---

(1) Cette dénomination de *particule* ne doit pas donner l'idée d'un petit mot, d'un monosyllabe, mais d'une partie moins importante du discours, d'un mot enfin qui n'est pas indispensable comme le nom et le verbe, pour constituer une proposition.

CHAPITRE II.
PARTIES SECONDAIRES DU DISCOURS.
§ I. *Substantif, adjectif, pronom.*

4.

Qu'est-ce qu'un SUBSTANTIF? C'est un nom qui exprime une personne ou une chose, et avant lequel on peut mettre l'un des mots *le, la, un, une, grand, petit, bon, mauvais.*

Exemples : *soldat, Jules, Eugénie, lune, ciel, vérité, mensonge,* etc.

Faites voir comment les noms Jules, Eugénie, lune, etc., *sont des substantifs.* C'est qu'ils expriment des personnes ou des choses, et qu'on peut dire *le* soldat, *petit* Jules, *bonne* Eugénie, *la* lune, *le* ciel, *une* vérité, *un* mensonge.

Comment appelle-t-on les substantifs qui expriment des objets qui n'existent que dans notre esprit ou qui ne peuvent tomber sous nos sens? On les nomme ABSTRAITS : tels sont *raison, franchise, travail.*

Comment divise-t-on les substantifs? En substantifs PROPRES et en substantifs COMMUNS.

Qu'y a-t-il à connaître dans les substantifs? Trois choses : le GENRE, le NOMBRE et le CAS.

Combien y a-t-il de genres, de nombres et de cas? Il y a deux GENRES, le masculin et le féminin; deux NOMBRES, le singulier et le pluriel; six CAS, le nominatif, le génitif, le datif, l'accusatif, le vocatif et l'ablatif.

5.

Qu'est-ce qu'un ADJECTIF? C'est un nom qui se joint à un substantif pour en exprimer la qualité ou en déterminer le sens.

Exemples : *Utile, studieux, rouge, cet, quel, chaque,* etc.

Faites voir comment les mots utile, studieux, rouge *sont des adjectifs.* Ils sont adjectifs parce qu'ils peuvent qualifier des substantifs, c'est-à-dire en exprimer une qualité. Ainsi, quand on dit : livre *utile,* enfant *studieux,* habit *rouge,* les mots *utile, studieux, rouge* sont adjectifs parce qu'ils expriment la qualité des substantifs *livre, enfant, habit.*

Faites voir comment les mots cet, quel, chaque *sont des adjectifs.* Ils sont adjectifs parce que ils déterminent le sens des substantifs auxquels ils sont joints. Ainsi, quand on dit : *cet* enfant joue, *quel* enfant joue, *chaque* enfant joue, les mots *cet, quel* et *chaque* indiquent trois manières différentes d'envisager le substantif *enfant.*

Les adjectifs ne deviennent-ils pas quelquefois substantifs? Oui, et c'est lorsqu'au lieu d'exprimer une *qualité,* ils expriment une *personne* ou une *chose.* Ainsi dans cette phrase : *Son père est malheureux,* le mot *malheureux* est adjectif, parce qu'il exprime la *qualité* du père; mais dans celle-ci : *On doit secourir les malheureux*, le mot *malheureux* est substantif, parce qu'il exprime les hommes qui sont malheureux.

De même quand on dit : *Le temps est froid*, le mot *froid* est adjectif, parce qu'il exprime la qualité du temps, mais quand on dit : *Le froid est vif*, le mot *froid* est substantif, parce qu'il exprime une chose et qu'il est précédé du mot *le*.

Les substantifs ne s'emploient-ils pas quelquefois adjectivement ? Oui, c'est toutes les fois qu'au lieu d'exprimer *une personne* ou *une chose*, il exprime une *qualité*.

Dans cette phrase : Le roi a dit cela, *le mot roi est-il employé adjectivement ou substantivement ?* Il est employé *substantivement* parce qu'il exprime une *personne*.

Et dans cette autre phrase : David était roi, *le mot roi est-il employé adjectivement ou substantivement ?* Il est employé *adjectivement*, parce qu'il exprime la *qualité* qu'avait David, celle d'être roi.

Comment divise-t-on les adjectifs ? En deux classes, en adjectifs QUALIFICATIFS et en adjectifs DÉTERMINATIFS.

Qu'y a-t-il à connaître dans les adjectifs ? Le GENRE, le NOMBRE et le CAS, comme dans les substantifs.

6.

Qu'est-ce qu'un PRONOM ? C'est un

nom qui se met ordinairement à la place d'un substantif qu'on a déjà nommé, ou qu'on veut éviter de nommer.

Exemples : Il, elle, cela, nous, etc.

Faites voir comment, en se servant du pronom il, *on peut éviter la répétition d'un substantif ?* Au lieu de dire : Paul est étourdi, mais *Paul* a bon cœur; voyez ce limaçon, ce *limaçon* est sorti de sa coquille, on dira : Paul est étourdi, mais IL a bon cœur; voyez ce limaçon, IL est sorti de sa coquille.

Faites voir comment le pronom peut représenter des personnes que l'on veut éviter de nommer. Quand on dit aux trois enfans *Aglaé, Jules et Henri* : Si *vous* êtes studieux, on *vous* récompensera, les deux pronoms *vous* expriment les trois enfans qu'on a voulu éviter de nommer. C'est comme si l'on avait dit : si *Aglaé, Jules et Henri* sont studieux.

Le pronom, comme le substantif, ne peut-il pas être qualifié par des adjectifs ? Oui, par exemple quand on dit : IL est *riche* et *bienfaisant,* les deux adjectifs *riche* et *bienfaisant* qualifient le pronom IL.

Comment divise-t-on les pronoms ? En PERSONNELS, POSSESSIFS, DÉMONSTRATIFS, RELATIFS, INTERROGATIFS et INDÉFINIS.

Qu'y a-t-il à connaître dans tous les pronoms ? Trois choses : le GENRE, le NOMBRE et le CAS, comme dans les substantifs et les adjectifs.

§ II. *Verbe personnel, infinitif ou radical, participe.*

7.

Qu'est-ce qu'un verbe PERSONNEL? C'est un verbe qui se lie ou peut se lier à l'un des pronoms *je, tu, il, elle, nous, vous, ils, elles,* ou à un *substantif.*

Exemples : Je *suis,* tu *as,* il *ira,* elle *était,* Paul *travaille,* les enfans *causent.*

Les verbes personnels ne peuvent-ils pas se joindre à d'autres pronoms ? Oui, car on peut dire : *Chacun* sait, *quiconque* joue, celui *qui* sait, celui *qui* joue, etc.

Qu'y a-t-il à connaître dans le verbe personnel ? Quatre choses : les NOMBRES, les PERSONNES, les TEMPS, et les MODES.

Combien le verbe personnel a-t-il de nombres, de personnes, de temps et de modes ? Il a deux NOMBRES, savoir : le *singulier* et le *pluriel;* trois PERSONNES, qui sont: la *première,* la *seconde* et la *troisième;* trois TEMPS principaux, savoir : le *présent,* le *passé* et l'*avenir;* quatre MODES, qui sont : l'*indicatif,* l'*impératif,* le *subjonctif* et le *conditionnel.*

8.

Qu'est-ce qu'un verbe INFINITIF *ou* RADICAL? C'est un verbe qui exprime d'une manière générale l'existence, la possession ou l'action, et qui se lie ou peut se lier aux mots *je veux*, *je peux*, *je dois*.

Exemples : *Être, avoir, aimer, finir, recevoir, rendre.*

Pourquoi les verbes être, avoir, aimer, finir, recevoir *et* rendre *sont ils des infinitifs ?* Ce sont des infinitifs 1° parce qu'ils expriment l'existence, la possession ou l'action d'une manière générale, c'est-à-dire sans désigner, ni *quelles personnes*, ni *combien de personnes* sont, ont ou agissent, ni *dans quel temps* on est, on a ou on agit : 2° parce qu'ils peuvent se lier aux mots *je veux*, *je peux*, *je dois*. En effet, on peut dire : *je peux* être, *je veux* avoir, *je dois* aimer.

L'infinitif ne s'emploie-t-il pas quelquefois comme un substantif ? Oui, c'est lorsqu'au lieu d'exprimer une *action* en général, il exprime une *chose*, et qu'il est précédé de la particule *le :* tels sont : le *manger*, le *boire*, le *savoir*, etc.

Quand on dit, il faut *manger* et *boire* modérément, les mots *manger* et *boire* sont des *infinitifs*, parce qu'ils expriment d'une manière générale l'action de manger et de boire.

Et quand on dit, il faut de la modération dans le *boire* et dans le *manger*, les mots *boire* et *manger* sont *substantifs*, parce qu'ils expriment les choses que l'on boit et que l'on mange, et qu'ils se trouvent précédés du mot *le*.

Comment divise-t-on le verbe infinitif ou radi-

cal? En infinitif PRÉSENT OU RADICAL SIMPLE, et en infinitif PASSÉ OU RADICAL COMPOSÉ.

9.

Qu'est-ce qu'un PARTICIPE? C'est un verbe qui participe du nom, ressemble à un adjectif, et se lie ou peut se lier, soit au verbe *être* ou au verbe *avoir*, soit à la particule *en*.

Exemples . *Amusé, fini, reçu, amusent, finissant, recevant,* etc.

Combien chaque verbe a-t-il de participes? Il en a deux dont l'un est toujours terminé en *ant*, c'est celui qui peut se joindre à la particule *en*; et l'autre a différentes terminaisons, c'est celui qui peut se joindre au verbe *être* ou au verbe *avoir*.

Que faut-il faire pour s'assurer si un mot est un participe ? Il faut examiner 1° si ce mot est un verbe; 2° s'il exprime une qualité; 3° s'il est joint ou s'il peut se joindre, soit au mot *en*, soit au verbe *être* ou au verbe *avoir*.

Montrez, d'après cela, comment les verbes amusé, fini, reçu, amusant, finissant, recevant *sont des participes ?* 1° Ce sont des verbes, car ils expriment l'action d'*amuser,* de *finir,* de *recevoir;* 2° ils ressemblent à des adjectifs et expriment en quelque sorte une qualité : on dit une personne *amusée,* une chose *reçue;* 3° ils peuvent se joindre aux verbes *être* et *avoir* ou au mot *en*; on peut dire *être amusé, avoir amusé, être fini, avoir fini, en amusant,* etc.

Le même mot ne peut-il pas être tantôt adjectif et tantôt participe en ANT? Oui, il est *adjectif* lorsqu'il exprime une qualité et qu'il est joint ou qu'il peut se joindre immédiatement au verbe *être*. Il est *participe* en ANT, lorsqu'il exprime une action et qu'il ne peut pas se joindre au verbe *être*. Dans ces phrases, il est *obligeant*, il est *prévenant*, les mots *obligeant*, *prévenant* sont des *adjectifs*, parce qu'ils expriment une *qualité* et qu'ils sont joints immédiatement au verbe *est*; et dans celles-ci : il est humain, charitable, *obligeant* tout le monde, *prévenant* les injures par sa bonté, les mots *obligeant*, *prévenant* sont des *participes*, parce qu'ils expriment *l'action* et qu'ils ne peuvent se joindre au verbe *être*. On ne dit pas : il *est obligeant* tout le monde. (1)

Comment se termine le plus ordinairement le participe non terminé en ANT? De trois manières, en E, en I et en U; exemples : *aimé, senti, cru,* etc.

---

(1) On pourra faire remarquer aux élèves qu'un même mot peut être substantif, adjectif ou participe en *ant*, comme *courant, mourant*, etc. Le *courant* de l'eau, de l'eau *courante*, en *courant*.

Participe ou particule, comme *touchant, pendant, durant*. En *touchant* à ce meuble, il m'a parlé *touchant* cette affaire.

Substantif ou participe non terminé en *ant*, comme *procédé, écrit*. Un bon *procédé*, il a *procédé* à l'interrogatoire.

Participe non terminé en *ant*, ou particule, comme *excepté* et *supposé*. Exemples : ces personnes *exceptées*, *excepté* ces personnes.

Quelles sont les autres terminaisons moins ordinaires du participe non terminé en ANT ? Il y en a onze, savoir :

AIT, comme *fait , refait , défait.*

AINT , — *plaint, craint , contraint.*

EINT , — *feint, peint , teint.*

ERT , — *ouvert, souffert , offert.*

IS, — *mis , pris.*

IT, — *dit , maudit, confit.*

OINT, — *joint , oint.*

ORT, — *mort.*

OS, — *clos , éclos.*

OUS, — *absous, dissous.*

UIT, — *conduit, réduit.*

Comment divise-t-on tous les participes ? En ACTIFS et en PASSIFS.

§ III. *Préposition , adverbe , conjonction et interjection.*

10.

Qu'est-ce qu'une PRÉPOSITION ? C'est une particule qui se met avant un substantif ou un pronom, et sert à déterminer le sens des phrases.

Exemples : *de , à , avec , contre ,* etc.

Montrez comment, par exemple , les prépositions de, avec, pour, contre, *jointes au substantif* Nanette, *ou au pronom* lui, *changent et déterminent le sens des phrases.* Quand on dit : Je parle DE *Nanette ,* AVEC *Nanette ,* POUR *Nanette ,*

CONTRE *Nanette*, je parle DE *lui*, AVEC *lui*, POUR *lui*, CONTRE *lui*, les prépositions *de*, *avec*, *pour* et *contre* jointes au substantif *Nanette*, ou au pronom *lui*, changent seules le sens de la phrase.

Le substantif ou le pronom suit-il toujours immédiatement la préposition? Non, il en est souvent séparé par l'un des mots *le*, *la*, *les*, qui forment une classe particulière de prépositions, et par un ou plusieurs adjectifs. Exemples : SUR le *gazon*; POUR la vraie *gloire*; DANS une superbe *maison*.

N'y a-t-il pas des prépositions qui se joignent aussi à des verbes? Oui : il y en a sept, dont l'une se joint au participe en *ant*, une à l'infinitif *être* ou *avoir*, et cinq à tous les infinitifs.

Quelle est la préposition qui se joint au participe en ANT? C'est la préposition EN. Exemple : EN *courant*.

Quelle est la préposition qui ne se joint qu'aux infinitifs ÊTRE *et* AVOIR? C'est la préposition APRÈS.

Dans quel cas la préposition APRÈS *se joint-elle aux mots* être *et* avoir? C'est lorsque ces mots sont suivis d'un participe. Exemples : APRÈS avoir *couru*, APRÈS être *tombé*.

Quelles sont les cinq prépositions qui se joignent à tous les verbes infinitifs? Ce sont *de*, *à*, *pour*, *sans*, *par*; exemples: DE *parler*, A *écrire*, POUR *entendre*, SANS *travailler*, PAR *écouter*.

Parmi ces prépositions, quelle est celle qui ne se joint aux verbes infinitifs, que lorsqu'elle est précédée elle-même d'un verbe qui exprime l'action de commencer *ou celle de* finir? C'est la préposition PAR : Exemples : Il commence PAR écouter, il finit PAR entendre.

Comment divise-t-on les prépositions? En prépositions PROPREMENT DITES, et en ARTICLES.

11.

Qu'est-ce qu'un ADVERBE? C'est une particule qui se joint à des verbes ou à des adjectifs, et en détermine le sens.

Exemples : *Ici, là, assez, peu, bien, mal,* etc.

Montrez comment les adverbes, ici, là, bien, mal, *joints au verbe* danser, *fixent et déterminent le sens de ce verbe.* Quand on dit : Jules danse *ici*, Jules danse *là*, Jules danse *bien*, Jules danse *mal*, les adverbes *ici* ou *là* déterminent *le lieu* où Jules danse; et les adverbes *bien* ou *mal* déterminent *la manière* dont Jules danse.

Montrez comment les adverbes assez *et* peu, *joints à l'adjectif* content *ou* contente, *fixent et déterminent le sens de cet adjectif.* Quand on dit : Anne est *assez* contente, Anne est *peu* contente, les adverbes *assez* et *peu* déterminent le sens de l'adjectif *content*, et font comprendre *à quel point* Anne est contente.

En quoi l'adverbe diffère-t-il de la préposition, puisque tous deux fixent et déterminent le sens des phrases? En ce que la préposition ne fait sens qu'avec les substantifs ou les pronoms, et elle les précède toujours, tandis que l'adverbe ne fait sens qu'avec les adjectifs ou les verbes : tantôt il les précède, tantôt il les suit.

L'adverbe ne se joint-il qu'aux verbes et aux adjectifs? Il y a quelques adverbes qui se lient à d'autres adverbes. Exemples : Il parle TRÈS *éloquemment*, Il est PRESQUE *toujours* content.

N'y a-t-il pas des adjectifs qui deviennent quelquefois adverbes? Oui, c'est lorsqu'au lieu d'être joints à un substantif, ils sont joints à un verbe, et qu'ils expriment seulement la manière dont on fait une action.

Dans ces phrases : Il chante faux, Je dis vrai, Elle crie haut, Il parle bas, *les mots* faux, vrai, haut, bas, *sont-ils des adjectifs?* Non ; ils sont des adverbes, parce qu'ils ne sont pas joints à des noms, mais à des verbes, et qu'ils expriment la manière dont on chante, dont on parle, etc.

Qu'est-ce qu'une expression adverbiale? C'est une expression qui remplace un adverbe, et qui est composée d'une préposition jointe à un substantif. Exemples : *Dans ce jour, avec patience.*

Comment les mots, dans ce jour, avec patience, *sont-ils une expression adverbiale?* C'est qu'ils peuvent tenir la place des adverbes *aujourd'hui, patiemment.*

Qu'est-ce qu'une phrase adverbiale? C'est une phrase entière qui remplace un adverbe. Exemple : *Dans le lieu où nous sommes.*

Faites voir comment la phrase, Dans le lieu où nous sommes, *est adverbiale.* C'est qu'elle peut remplacer l'adverbe *ici.*

En quoi la phrase adverbiale diffère-t-elle de l'expression adverbiale ? En ce que la phrase adverbiale contient toujours un verbe personnel, et que l'expression adverbiale n'en contient pas, n'étant composée que d'une préposition jointe à un substantif.

Ne pourrait-on pas diviser tous les adverbes en deux grandes classes ? Oui, en adverbes SIMPLES, qui s'expriment par un seul mot; tels sont : *bien, toujours, hier,* et en adverbes COMPOSÉS, qui s'expriment par plusieurs mots; tels sont : *long-temps, là-bas, d'abord,* etc.

Combien y a-t-il d'espèces d'adverbes, soit simples, soit composés ? Il y en a sept espèces, savoir : de TEMPS, de LIEU, de QUALITÉ, de QUANTITÉ, d'INTERROGATION, de NÉGATION et d'AFFIRMATION.

12.

Qu'est-ce qu'une CONJONCTION ? C'est une particule qui lie les phrases les unes aux autres, et en forme un ensemble.

Exemples : *Ou, si, mais, et, donc, parce que, c'est-à-dire, d'ailleurs, que, lorsque,* etc.

Montrez comment, quand on dit : Elle s'amuse ET elle joue, *le mot* ET *est une conjonction ?* C'est qu'il lie la phrase, Elle s'amuse, à la phrase, Elle joue.

Et quand on dit, Tu sortiras *si je rentre, comment le mot* SI *est-il une conjonction ?* C'est qu'il lie la phrase, Tu sortiras, à la phrase, Je rentre, et que des deux phrases il n'en fait qu'une.

Et quand on dit, Rose et Lydie sont ici; *comment la conjonction* ET *lie-t-elle deux phrases ensemble, car elle ne semble lier que deux mots?* Elle lie cependant deux phrases; car Rose et Lydie sont ici, veut dire *Rose est ici* (voilà la première phrase); *Lydie est ici* (voilà la seconde phrase).

Les conjonctions se trouvent-elles toujours placées au milieu des deux phrases qu'elles lient? Non; il y a des conjonctions qui se trouvent quelquefois au commencement du discours, mais qui cependant peuvent être toujours placées entre les deux phrases qu'elles lient. Au lieu de dire, par exemple, *si* vous êtes bon enfant, on vous aimera, on peut dire, on vous aimera, *si* vous êtes bon enfant.

Ne peut-on pas diviser toutes les conjonctions en deux classes? Oui; en conjonctions SIMPLES, qui s'expriment par un seul mot; telles sont : *Or, car, ni*; et en conjonctions COMPOSÉES, qui s'expriment par plusieurs; telles sont : *Tandis que, au reste, à moins que.*

Combien y a-t-il d'espèces particulières de conjonctions? Il y en a dix, qui sont les conjonctions DISJONCTIVES, CONDITIONNELLES, ADVERSATIVES, COPULATIVES, CONCLUSIVES, CAUSALES, EXPLICATIVES, TRANSITIVES, la conjonction CONDUCTIVE et les conjonctions DE TEMPS.

13.

Qu'est-ce qu'une INTERJECTION ? C'est une particule qui exprime un sentiment subit que l'âme éprouve.

Exemples : *Aïe ! hélas ! ah ! chut ! fi !*

N'y a-t-il pas des noms, des verbes et des adverbes qui sont pris accidentellement comme interjections ? Oui : tels sont les mots : Bon ! paix ! courage ! tant mieux ! allons !

CHAPITRE III.

SUBDIVISIONS, GENRE, NOMBRE, ET CAS DU SUBSTANTIF.

§ I. *Substantifs propres et substantifs communs.*

14.

QU'EST-CE *que les substantifs* PROPRES ? Ce sont ceux qui ne peuvent convenir à tous les individus d'une même espèce.

Exemples : *Alexandre, Rome, la Seine.*

15.

Qu'est-ce que les substantifs COMMUNS ? Ce sont ceux qui conviennent à tous les individus ou à tous les objets de la même espèce.

Exemples : *arbre, ville, soldat.*

N'y a-t-il pas parmi les substantifs communs

des substantifs qu'on appelle COLLECTIFS? Oui, ce sont ceux qui, quoique au *singulier*, présentent à l'esprit l'idée de *plusieurs* personnes ou de *plusieurs* choses; tels sont : *Le peuple, la multitude, l'armée.*

Combien y a-t-il d'espèces de noms collectifs? Il y en a de deux espèces; savoir : le collectif GÉNÉRAL, et le collectif PARTITIF.

Qu'est-ce que le collectif GÉNÉRAL? C'est celui qui indique une collection entière, comme *le sénat, la foule, la multitude, la troupe, la garde,* etc. Ainsi dans ces phrases :

L'armée des Français était animée d'un courage invincible, *Armée* est collectif général, parce qu'il indique la *collection entière* des soldats compris sous le nom d'armée.

La *multitude* des étoiles excite notre admiration; la *multitude* est collectif général parce qu'il exprime la totalité des étoiles.

Qu'est-ce que le collectif PARTITIF? C'est celui qui désigne une *collection partielle* ou une *partie* d'un plus grand nombre; tels sont, *une douzaine, la moitié, la plupart, une multitude, une foule,* etc. Ainsi dans les phrases :

La *plupart* de ces enfans deviendront grands, la *plupart* est partitif, parce qu'il n'exprime qu'une collection partielle ou une partie d'un plus grand nombre.

Une *multitude* d'étoiles nous sont inconnues; une *multitude* est collectif partitif parce qu'il exprime une partie des étoiles.

§ II. *Genre des substantifs.*

16.

Qu'est-ce que les substantifs du GENRE MASCULIN ? Ce sont ceux qui désignent un mâle, ou qui sont ou peuvent être précédés des mots *le, un.*

Exemples : *Philippe, cheval, livre, arbre.*

Pourquoi ces noms sont-ils masculins? Philippe et *cheval* sont du genre *masculin* parce qu'ils désignent des *mâles; livre* et *arbre*, parce qu'on peut dire *le* livre, *un* arbre.

17.

Qu'est-ce que les substantifs du GENRE FÉMININ ? Ce sont ceux qui désignent une femelle, ou qui sont ou peuvent être précédés des mots *la, une.* (1)

____

(1) Certains grammairiens ont établi différentes espèces de genres; ainsi il y a des noms qui sont d'un *genre déterminé,* c'est-à-dire qui sont invariablement au masculin ou au féminin; d'autres qui sont du *genre commun :* ce sont ceux qui, sous la même terminaison, expriment tantôt le mâle, tantôt la femelle. Tels sont : *enfant, esclave, domestique :* on dit *un bel enfant,* ou *une belle enfant,* etc., selon que l'on parle du mâle ou de la femelle. D'autres sont du *genre épicène;* ce sont ceux qui gardent la même terminaison, et qui n'ont qu'un seul genre pour les deux sexes; tels sont : *aigle, renard, témoin, poète,* qui sont toujours masculins, et *tourterelle, chauve-souris,* qui

Exemples : *Angélique*, *plume*, etc.

Pourquoi ces noms sont-ils féminins? Angélique est *féminin*, parce qu'il désigne une femelle; plume est *féminin*, parce qu'on peut dire *la* plume, *une* plume.

§ III. *Nombre des substantifs.*

18.

Qu'est - ce que les substantifs de NOMBRE SINGULIER ? Ce sont ceux qui désignent une seule personne ou une seule chose; ils peuvent être précédés par les mots *le* ou *la*, *un* ou *une*.

Exemples : le *cheval*, la *pendule*, un *livre*, une *plume*.

19.

Qu'est - ce que les substantifs de NOMBRE PLURIEL ? Ce sont ceux qui ex-

---

sont toujours féminins, soit qu'on désigne le mâle, soit qu'on désigne la femelle. D'autres enfin sont du *genre hétérogène*, c'est-à-dire que, sans changer de terminaison, ils sont masculins ou féminins, selon leur acception ou leurs rapports dans la phrase. Ainsi : *Délice* est masculin au singulier et féminin au pluriel. *Manche* est masculin quand il signifie la poignée d'un instrument, et féminin quand il désigne la partie d'un vêtement.

priment plusieurs personnes ou plusieurs choses ; ils peuvent être précédés
des mots *les*, *des*, *aux*.

Exemples : les *chevaux*, des *livres*, aux *pen-
dules*.

§ IV. *Cas des substantifs.* (1)

20.

Qu'est-ce qu'un substantif de CAS
NOMINATIF? C'est un substantif qui ex-

---

(1) Y a-t-il des cas dans la langue française ? — Si
l'on prend le mot *cas* pour exprimer la différence de
chute ou de terminaison d'un même nom en I, en O,
ou en UM, comme *libri*, *libro*, *librum*, chez les
Latins, il n'y a certainement pas de *cas* dans la langue française, car les noms s'y terminent invariablement de même à tous les cas : on dit le *livre*,
du *livre*, au *livre*. Mais si l'on prend le mot *cas* pour
exprimer la différence des rapports qu'un même nom
peut avoir dans le discours, ou les différentes circonstances dans lesquelles il est employé, il y a sûrement des *cas* en français. Qui dira, en effet, que *le*
livre, *du* livre, *au* livre, expriment la même idée ?
C'est dans ce dernier sens que nous prenons, avec
Priscien, le mot *cas*, convaincu, comme lui, que *Ca-
sus sunt non vocis sed significationis.* Liv. V.

On peut rendre claire et sensible la connaissance des
cas, à laquelle nous tenons beaucoup, parce qu'elle est
indispensable pour l'accord des participes et encore plus
pour l'analyse de la pensée, en les expliquant aux yeux
par des *gestes*, à l'esprit par l'*étymologie* des mots
mêmes qui les distinguent ; exemples : NOMINATIF : le
nominatif vient de *nominare*, latin qui veut dire nom-

prime une personne ou une chose qui
EST, qui A, ou qui AGIT. Il est souvent
précédé des mots *le, la, les.*

Dans ces phrases : Le maître est indulgent, La
bonne a un bouquet, Les enfans jouent, *comment les substantifs* maître, bonne, enfans, *sont-
ils au nominatif?* Ils sont au nominatif : *le maître,*

---

mer, parce qu'il nomme et désigne le sujet de la phrase,
et en est la partie principale, car c'est de ce cas que dépendent tous les mots de la phrase, et c'est à lui qu'ils
se rapportent comme à leur chef. GÉNITIF : *Geste de*
joindre, d'unir, de mettre ensemble deux objets : le
nom de cas *génitif* est toujours joint et uni à un autre
nom dont il complète le sens; il vient de *genitus,* qui
veut dire engendré, produit, et faisant partie d'une
autre chose; comme le fruit, production de l'arbre, en
fait partie. DATIF : *Geste* de donner une chose à quelqu'un, et de faire passer un objet là, à cet endroit-là :
il vient de *dare, datum,* latin, qui veut dire *donner,*
et il exprime toujours la personne ou la chose à laquelle
on donne ou l'on fait passer quelque chose. ACCUSATIF :
Geste de frapper les objets, de porter un coup sur eux.
L'accusatif exprime en effet la personne ou la chose à
laquelle l'action se termine, et où en quelque sorte cette
action s'arrête; il vient de *cudere, cusum,* latin, qui
veut dire *battre, frapper,* d'où est venu ensuite *accusare,*
accuser (parce qu'anciennement, en accusant quelqu'un
en justice, on le frappait ou on lui portait un coup). VO-
CATIF : *Geste* d'appeler quelqu'un, ou de lui faire signe
de nous écouter; il exprime la personne ou la chose à
laquelle nous nous adressons : il vient de *vocare,* latin,
qui veut dire *appeler.* ABLATIF : *Geste* d'arracher, de
séparer, de détacher une chose d'une autre; il vient
d'*ablatus,* latin, qui veut dire *séparé, détaché.*

parce que c'est lui qui EST ; *la bonne*, parce que c'est elle qui A; *les enfans*, parce que ce sont eux qui AGISSENT, et qui font l'action de jouer.

21.

Qu'est-ce qu'un substantif de CAS ACCUSATIF? C'est un substantif qui désigne une personne, ou une chose recevant l'action exprimée par le verbe. Il est souvent précédé des mots *le*, *la*, *les*.

Dans ces phrases : Le secrétaire lit la lettre, Le domestique fait le lit, Le jardinier cueille les fruits, *comment les substantifs* lettre, lit, fruits, *sont-ils à l'accusatif ?* Ils sont à l'accusatif : la *lettre*, parce qu'elle reçoit l'action d'être lue; le *lit*, parce qu'il reçoit l'action d'être fait; les *fruits*, parce qu'ils reçoivent l'action d'être cueillis.

En quoi l'accusatif diffère-t-il du nominatif, puisqu'ils sont tous deux précédés des mots le, la, les? C'est que le nominatif indique la personne ou la chose qui fait l'action, tandis que l'accusatif indique celle qui la reçoit, et que le plus ordinairement le nominatif précède le verbe, tandis que l'accusatif le suit. Ainsi quand on dit : *Les Grecs vainquirent les Perses*, les substantifs *Grecs* et *Perses* sont tous deux précédés du mot *les*, mais le premier indique les personnes qui firent l'action, et le second celles qui la reçurent. Le premier, qui est au nominatif, précède le verbe, le second, qui est à l'accusatif, le suit.

Le substantif placé après les verbes qui expriment l'existence ou l'état, tels que être, devenir, *est-il à l'accusatif?* Non, puisque ce substantif ne reçoit point une action. Il est au nominatif. Ainsi quand on dit : César fut un habile *général,* Paul deviendra notre *ami,* les substantifs *général* et *ami* sont au cas nominatif, parce qu'ils expriment en quelque façon la qualité des substantifs *César* et *Paul* qui sont au nominatif.

22.

Qu'est-ce qu'un substantif de CAS GÉNITIF? C'est un substantif qui, par le moyen des mots *de, de la, du, des,* se joint à un autre substantif qui le précède et avec lequel il exprime une idée d'union ou d'appartenance.

Quand on dit : Le clocher de l'église est élevé, *comment le substantif* église *est-il au génitif?* Il est au génitif parce que, par le moyen de la particule *de,* il se joint au substantif *clocher* qui le précède, et avec lequel il exprime une idée d'union ou d'appartenance.

Qu'entend-on par génitif PARTITIF? C'est celui qui, par le moyen des mots *de, de la, du, des,* se joint ou se rapporte à un substantif partitif, tel que *partie* ou *quantité* exprimé ou sous-entendu. Exemples : *La plupart des conseils sont dictés par l'intérêt ; on ne prend point de mouches avec du vinaigre.* Dans ces phrases, *conseils* est

au génitif partitif, parce qu'il se joint au substantif partitif *la plupart ; mouches* et *vinaigre* sont
des génitifs partitifs, parce qu'ils se rapportent au
substantif *quantité* ou *partie* sous-entendu. C'est
comme si l'on disait *une quantité de mouches*
avec *une quantité de vinaigre.*

23.

Qu'est-ce qu'un substantif de CASABLA-
TIF? C'est un substantif qui indique
l'objet dont on se sépare ou dont on
détache quelque chose. Il est précédé
des mots *de, de la, du, des.*

Quand on dit : Je m'éloigne de Paris, Je viens
de l'Amérique, Je sors du jardin, Dieu séparera
les bons des méchans, *comment les substantifs*
Paris, Amérique, jardin, méchans, *sont-ils à
l'ablatif ?* C'est qu'ils expriment l'endroit d'où je
m'*éloigne,* d'où je *viens,* d'où je *sors,* les personnes
desquelles d'autres seront séparées, et qu'ils sont
précédés des mots *de, de la, du, des.*

*En quoi le génitif diffère-t-il de l'ablatif puis-
qu'ils sont tous les deux précédés des mots* de, de
la, du, des ? C'est que le génitif exprime une idée
d'*union,* d'*appartenance,* et que l'ablatif indique
la *séparation,* la *privation.* Ainsi dans ces phrases : *Les maisons de Paris sont hautes, Je sors
de Paris,* le mot *Paris,* dans la première phrase,
est au *génitif,* parce qu'il indique l'*union* avec le
substantif *maisons ;* dans la seconde, au con-

3.

traire, *Paris* est à l'*ablatif*, parce qu'il marque la *séparation*, le lieu dont on se sépare.

24.

Qu'est-ce qu'un substantif de CAS DA- TIF? C'est un substantif qui exprime le passage d'ici-là, la tendance ou l'attribution; il est précédé des mots *à, à la, au, aux.*

Quand on dit : Je vais à la campagne, J'envoie mon domestique à la ferme, J'écris une lettre à mon frère, Je donne de l'argent au pauvre, *comment les substantifs* campagne, ferme, frère *et* pauvre *sont-ils au datif?* C'est qu'ils expriment la *tendance,* c'est-à-dire l'objet vers lequel on tend, on se dirige, et qu'ils font comprendre le passage *d'ici là ;* car je fais passer ma personne, mon domestique du lieu où je suis à la campagne, à la ferme, et je fais passer ma lettre, mon argent de moi à mon frère, au pauvre.

Les substantifs précédés des mots de, de la, du, des *sont-ils toujours au génitif ou à l'ablatif?* Non, ils ne sont au génitif que lorsqu'ils indiquent clairement l'union ou l'appartenance, et ils ne sont à l'ablatif que lorsqu'ils expriment la séparation ou l'éloignement. Ainsi quand on dit : *Je suis content de Paul, il parle de la guerre ;* les substantifs *Paul* et *guerre* ne sont ni au génitif ni à l'ablatif, ils ne doivent être regardés que comme régimes de la préposition *de.*

CHAPITRE IV.

SUBDIVISIONS, GENRE, NOMBRE ET CAS DE L'ADJECTIF.

§ I. *Adjectif qualificatif, positif, comparatif et superlatif.*

26.

Qu'est-ce qu'un adjectif QUALIFICATIF? C'est un adjectif qui exprime la qualité du substantif, auquel il est joint.

Exemples : *beau, laid, utile, paisible.*

L'adjectif qualificatif n'a-t-il pas différents degrés de signification? Oui, il en a trois, savoir: le POSITIF, le COMPARATIF et le SUPERLATIF.

27.

Qu'est-ce qu'un adjectif POSITIF? C'est un adjectif qui exprime une qualité simplement et sans aucune comparaison.

Exemples : *Doux, clair, agréable*, etc.

Dans cette phrase, Cet enfant est doux; comment l'adjectif doux est-il positif? C'est qu'il exprime simplement la qualité que cet enfant a d'*être doux*, sans exprimer aucune idée de comparaison.

28.

Qu'est-ce qu'un adjectif COMPARATIF? C'est un adjectif qui exprime la qualité

avec comparaison et qui est ordinairement précédé des mots *plus, moins,
aussi.*

Exemples : Plus *doux*, moins *clair*, aussi
agréable.

Dans cette phrase, Cet enfant est *plus doux*
que son frère; *comment* plus doux *est-il un comparatif?* C'est qu'il exprime une comparaison
entre la douceur de cet enfant et celle de son
frère.

Combien y a-t-il d'espèces de comparatif? Il y
en a trois, qui sont, le comparatif de SUPÉRIORITÉ,
qui est précédé du mot *plus;* le comparatif d'IN-
FÉRIORITÉ, qui est précédé du mot *moins,* et le
comparatif d'ÉGALITÉ, qui est précédé du mot *aussi.*

*Quels sont les adjectifs qui d'eux-mêmes et sans
être précédés du mot* plus, *indiquent un comparatif de supériorité?* Ce sont *meilleur* au lieu de *plus
bon,* qui n'est pas en usage; *moindre* au lieu de
plus petit; pire au lieu de *plus mauvais.*

29.

Qu'est-ce qu'un adjectif SUPERLATIF?
C'est un adjectif qui exprime la qualité
à un très haut degré ou au plus haut
degré, et qui est précédé de l'un des
mots *très, fort, bien, le plus, le moins.*

Exemples: très *utile,* fort *utile,* le plus *utile,* etc.

Dans ces phrases, Il est très joli, fort honnête,
le plus sage, etc., *comment les adjectifs* joli, hon-

nête, sage, *sont-ils des superlatifs?* C'est qu'ils expriment la qualité dans un très haut degré, et qu'ils sont précédés des mots *très*, *fort*, *le plus*.

Combien y a-t-il d'espèces de superlatifs? Deux, savoir : le superlatif RELATIF, et le superlatif ABSOLU.

Le superlatif *relatif* s'exprime toujours en plaçant avant l'adjectif les mots *plus*, *moins*, *meilleur*, *moindre*, *pire*, précédés des mots *le*, *la*, *les*, *du*, *des*, *au*, *aux*, et *mon*, *ton*, *son*, *notre*, *votre*, *leur*. Exemple : La raison *du plus fort* est toujours *la meilleure*. Ce superlatif est ainsi appelé parce qu'il indique une idée de comparaison.

Le superlatif *absolu* s'exprime par les mots *très*, *fort*, *bien*, *extrêmement*, placés avant l'adjectif. Exemple : Néron était *très cruel*. Il est ainsi appelé parce qu'il n'indique aucune idée de comparaison.

Quels sont les adjectifs qui sont superlatifs par eux-mêmes et qui n'admettent aucun degré de comparaison? Ce sont ceux qui expriment la qualité au plus haut degré. Exemples : *Excellent*, *parfait*, *divin*, *extrême*.

§ II. *Adjectifs déterminatifs.*

3o.

Qu'est-ce que l'adjectif DÉTERMINATIF? C'est un adjectif qui détermine la signification du substantif dont il est suivi.

Tels sont : *Ce, cet, quel, chaque, deux, trois, premier, second,* etc.

Combien y a-t-il d'espèces d'adjectifs déterminatifs? Il y en a quatre, savoir : l'adjectif DÉMONSTRATIF, l'adjectif INTERROGATIF, l'adjectif INDÉFINI et l'adjectif NUMÉRAL.

31.

Qu'est-ce que l'adjectif DÉMONSTRATIF? C'est celui qui indique et qui montre comme présente la personne ou la chose dont on parle.

Exemples : *Ce, cet, cette, ces.*

Dans cette phrase, Ces enfans deviendront grands, *comment l'adjectif* ces *est-il démonstratif?* C'est qu'il détermine le sens du substantif *enfant,* en indiquant que ce sont les enfans dont on a parlé ou que l'on montre comme présens, qui deviendront grands.

32.

Qu'est-ce que l'adjectif INTERROGATIF? C'est celui qui exprime l'interrogation.

Exemples: *Quel, quels, quelle, quelles.*

Dans cette phrase, Quel livre lisez-vous? *comment l'adjectif* quel *est-il interrogatif?* C'est qu'il exprime une interrogation.

33.

Qu'est-ce que l'adjectif INDÉFINI? C'est celui qui indique que le substantif au-

bien s'énonce clairement. A qui est *ce livre*? *C'est
à moi.*

38.

Qu'est-ce qu'un pronom RELATIF? C'est
un pronom qui tient la place d'un substantif ou d'un pronom qui le précède
presque toujours immédiatement.

Exemples : qui, que, quoi, dont, lequel, laquelle, lesquels, lesquelles.

Dans cette phrase : Le soleil *qui* nous éclaire
nous donne aussi la chaleur, *comment le pronom*
qui *est-il relatif?* C'est qu'il tient la place du
substantif *soleil* dont il est immédiatement précédé ; c'est comme si l'on disait : *Le soleil, lequel
soleil nous éclaire.*

*Comment appelle-t-on le substantif ou le pro-
nom qui précède le pronom relatif, et auquel il se
rapporte ?* On l'appelle *antécédent* : ainsi dans la
phrase, *Le soleil* qui *nous éclaire*, le soleil est
l'*antécédent* du pronom relatif *qui.*

Le mot où *n'est-il pas regardé quelquefois
comme pronom relatif?* Oui ; c'est lorsqu'il peut
être remplacé par un pronom relatif. Dans cette
phrase, *la maison d'où je sors*, le mot *d'où* est
un pronom relatif, parce qu'il peut se tourner
par *de laquelle*, en disant : *la maison de laquelle
je sors.*

39.

Qu'est-ce qu'un pronom INTERROGATIF?

C'est un pronom qui exprime l'interrogation, le doute ou l'incertitude, et peut se tourner par les mots *quelle personne? quelle chose?*

Exemples : *qui? que? quoi? lequel? laquelle?*
Dans cette phrase, Qui est là? *comment le mot* qui *est-il un pronom interrogatif?* C'est qu'il exprime l'interrogation, et qu'il peut se tourner par *quelle personne.*

40.

Qu'est-ce qu'un PRONOM *indéfini?* C'est un pronom qui exprime ordinairement une personne, une chose d'une manière vague, générale et indéterminée.

Exemples: *quelqu'un, quiconque, chacun, autre, l'un l'autre, l'un et l'autre, autrui, on, personne, rien, nul, aucun, quoi que,* etc.

Dans ces phrases : Chacun à son métier doit toujours s'attacher; Nul n'est content de sa fortune ni mécontent de son esprit, *comment les pronoms* chacun *et* nul *sont-ils des pronoms indéfinis?* C'est qu'ils expriment d'une manière vague, générale et indéterminée des personnes qu'on ne veut pas nommer.

§ II. *Genre, nombre et cas des pronoms.*

De quel genre et de quel nombre les pronoms

sont-ils ? Les pronoms sont du même genre et du même nombre que le substantif dont ils tiennent la place ou auquel ils sont joints. Ainsi dans cette phrase : Votre frère doit voir Jules ; il lui donnera un livre, le pronom *votre* est masculin, singulier, parce qu'il se joint au substantif *frère*, qui est masculin, singulier ; les pronoms *il*, *lui* sont masculins, singuliers, parce qu'ils tiennent chacun la place d'un substantif masculin, singulier.

A quel cas sont les pronoms ? Les pronoms possessifs adjectifs sont au même cas que les substantifs auxquels ils sont joints ; ainsi dans cette phrase, Votre frère doit voir Jules ; *votre* est au nominatif, parce qu'il est joint à *Jules* qui est au nominatif : tous les autres pronoms ont, comme les substantifs, un cas qui leur est propre et qu'indique la fonction qu'ils remplissent dans la phrase. Ils sont au nominatif ou à l'accusatif selon qu'ils représentent la personne ou la chose qui fait l'action ou celle qui la reçoit ; ils sont au datif s'ils sont précédés de *à* et marquent une tendance, etc.

Dans cette phrase, Vous ne penserez pas à moi quand vous ne me verrez plus : *A quel cas sont les pronoms* vous, à moi, me ? *Vous* est au nominatif, parce qu'il représente la personne qui pensera et verra, *moi* est un datif, parce qu'il marque la tendance et qu'il est précédé de *à ; me* est à l'accusatif, parce qu'il représente la personne qui recevra l'action d'être vue.

Déclinaison des pronoms personnels.

Nominatif : Je, nous, tu, vous, il, elle, ils, elles.

Génitif : De moi, de nous, de toi, de vous, de lui, d'elle, d'eux, d'elles, de soi, en (signifiant de lui, d'eux, d'elle, d'elles, de cela).

Datif : A moi, me, à nous, nous, à toi, te, à vous, vous, à lui, à elle, à eux, à elles, lui (signifiant à lui, à elle), leur (signifiant à eux, à elles), à soi, se, y (signifiant à cela).

Accusatif : Moi, me, nous, toi, te, vous, se, le, la, les.

Vocatif : Toi, vous.

Ablatif : De moi, de nous, de toi, de vous, de lui, d'elle, d'eux, d'elles, de soi, en.

Déclinaison du pronom relatif.

Nominatif : Qui.

Génitif : De qui, duquel, de laquelle, desquels, desquelles, dont.

Datif : A qui, auquel, à laquelle, auxquels, auxquelles.

Accusatif : Que.

Ablatif : De qui, duquel, de laquelle, desquels, desquelles, dont.

———

CHAPITRE VI.

INFLEXIONS DU VERBE PERSONNEL.

SUBDIVISIONS DE L'INFINITIF ET DU PARTICIPE.

§ I. *Nombre du verbe.*

41.

Qu'est-ce qu'un verbe du NOMBRE SIN-GULIER ? C'est un verbe qui exprime qu'une seule personne ou une seule chose *est, a,* ou *agit.*

Exemples : Je *suis* présent, tu *eus* soin, il *ai-mera* l'étude, Paul *sort.*

42.

Qu'est-ce qu'un verbe du NOMBRE PLURIEL ? C'est un verbe qui exprime que plusieurs personnes ou plusieurs choses *sont, ont,* ou *agissent.*

Exemples : Nous *sommes* contens, vous *eûtes* soin, ils *aimeront* l'étude, Paul et Philippe *sortent.*

§ II. *Personnes du verbe.*

43.

Qu'est-ce qu'un verbe de PREMIÈRE PERSONNE ? C'est un verbe qui exprime l'existence, la possession ou l'action de la personne qui parle, et dont le nominatif est le pronom *je* ou *nous*.

Exemples : Je *suis* tranquille, nous *sommes* fidèles ; j'*eus* du chagrin, nous *eûmes* du plaisir ; j'*aimerai* à sauter, nous *aimerons* à courir, etc.

44.

Qu'est-ce qu'un verbe de SECONDE PERSONNE ? C'est un verbe qui exprime l'existence, la possession ou l'action de la personne ou de la chose à laquelle on parle, et dont le nominatif est le pronom *tu* ou *vous*.

Exemples : Tu *es* tranquille, vous *êtes* fidèles ; tu *eus* du chagrin, vous *eûtes* du plaisir ; tu *aimeras* à sauter, vous *aimerez* à courir.

45.

Qu'est-ce qu'un verbe de TROISIÈME PERSONNE ? C'est un verbe qui exprime l'existence, la possession ou l'action de la personne ou de la chose dont on parle ; il a toujours pour nominatif un pronom de troisième personne ou un substantif.

Exemples : Il *est* attentif, elles *sont* heureuses ; Rose *parle*, les enfans *écoutent*.

§ III. *Temps du verbe.*

46.

Qu'est-ce qu'un verbe de TEMPS PRÉSENT ? C'est un verbe qui exprime qu'une personne ou une chose *est*, *a*, ou *agit* dans le moment où l'on parle.

Exemples : Je *suis* obéissant, tu *as* raison, il *aime* la chasse, nous *sautons*, vous *voyez*, le chien *aboie*.

47.

Qu'est-ce qu'un verbe de TEMPS PASSÉ ? C'est un verbe qui exprime qu'une personne ou une chose *a été*, *a eu* ou *a agi* dans un temps passé.

Exemples : J'*avais* tort, tu *fus* surpris, ils *ont aimé* le travail, le tonnerre *tomba*, etc.

48.

Qu'est-ce qu'un verbe de TEMPS A VENIR ? C'est un verbe qui exprime qu'une personne ou une chose *sera*, *aura* ou *agira* dans un temps à venir.

Exemples : Je *serai* accueilli, vous *aurez* du monde, ils *aimeront* à s'amuser, les feuilles *pousseront*, etc.

§ IV. *Modes du verbe.*

49.

Qu'est-ce qu'un verbe de MODE INDICATIF? C'est un verbe qui indique l'*existence*, la *possession* ou l'*action*, et qui fait un sens complet de lui-même, c'est-à-dire sans dépendre d'un autre verbe.

Exemples : Je *suis* attendu, vous *eûtes* le prix, ils *aimeront* la gloire, les chevaux *hennissent*.

Dans ces phrases, les verbes *suis*, *eûtes*, *aimeront*, *hennissent*, sont au mode indicatif, parce qu'ils indiquent l'existence, la possession ou l'action, et qu'ils font un sens complet d'eux-mêmes.

50.

Qu'est-ce qu'un verbe de MODE IMPÉRATIF? C'est un verbe qui exprime l'*existence*, la *possession* ou l'*action* avec commandement ou prière.

Exemples : *Sois* sage, *ayez* soin, *attendons* un peu.

Dans ces phrases, les verbes *sois*, *ayez*, *attendons*, sont à l'impératif, parce qu'ils expriment l'existence, la possession ou l'action avec commandement.

51.

Qu'est-ce qu'un verbe de MODE SUBJONCTIF? C'est un verbe qui exprime l'*existence*, la *possession* ou l'*action* avec doute et incertitude et qui dépend d'un autre verbe auquel il est joint par la conjonction *que* ou un *pronom relatif*.

Exemples : Je desire *qu'il vienne*, il faut *que je sorte*, cherchez un ami qui vous *avertisse*.

Dans ces phrases, les verbes *vienne*, *sorte*, *avertisse*, sont au subjonctif, parce qu'ils expriment l'action avec doute et incertitude : en effet il n'est pas sûr qu'il vienne, que je sorte, que l'ami avertisse, ces trois verbes ne font point un sens complet d'eux-mêmes ; mais ils dépendent des verbes *je desire*, *il faut*, *il est le seul*, auxquels ils sont joints par la conjonction *que* et le pronom relatif *qui*.

52.

Qu'est-ce qu'un verbe de MODE CONDITIONNEL? C'est un verbe qui exprime qu'*on serait*, qu'*on aurait* ou qu'on *agirait* moyennant une condition.

Exemples : Vous *seriez* plus modeste, si vous étiez plus instruit ; vous *auriez* le prix si vous travailliez bien ; *elle rentrerait* si on ne la retenait.

Dans ces phrases, les verbes *seriez*, *auriez*, *rentrerait* sont au conditionnel, car ils expriment l'existence, la possession ou l'action, moyennant les conditions : *si vous étiez plus instruit, si vous travailliez bien, si on ne la retenait.*

§ V. *Temps simples et temps composés.*

53.

Qu'est-ce que les temps SIMPLES ? Ce sont ceux qui s'expriment par un seul mot, non compris le pronom.

Exemples : Je *suis*, tu *avais*, il *aimera*, etc.

54.

Qu'est-ce que les temps COMPOSÉS ? Ce sont ceux qui s'expriment par plusieurs mots, savoir, par un temps du verbe *être* ou *avoir*, et par un participe. (Les verbes *être* et *avoir* sont alors appelés *auxiliaires.*)

Exemples : *J'ai fini*, tu *as reçu*, il *a parlé*, nous *sommes arrivés*, vous *êtes partis*, ils *sont tombés*, etc.

§ VI. *Temps de l'indicatif.*

55.

Qu'est-ce que le PRÉSENT *de l'indicatif ?* C'est un temps qui indique que l'on est, que l'on *a* ou que l'on *agit* dans le moment où l'on parle.

Exemples : *Je suis, tu as, il aime, nous finis-*
sons, vous recevez, ils rendent, je sors.

Dans cette phrase : Paul *travaille* bien, le verbe
travaille est au présent de l'indicatif, parce qu'il
indique que l'action se fait au moment où l'on
parle.

56.

*Qu'est-ce que l'*IMPARFAIT *de l'indica-*
tif ? C'est un temps passé qui indique
que l'on *était*, que l'on *avait*, ou que
l'on *agissait* dans un temps passé au
moment où l'on parle, et présent quand
une chose était ou se faisait.

Exemples : *J'étais, tu avais, il aimait, nous*
finissions, vous receviez, ils rendaient, je sortais.

Dans cette phrase : Jules *déjeunait* quand vous
êtes entré, le verbe *déjeunait* est à l'imparfait de
l'indicatif, parce qu'il exprime une action passée
par rapport au moment où l'on parle, mais présente par rapport au moment où vous êtes entré.

57.

Qu'est-ce que le PASSÉ DÉFINI ? C'est un
temps qui indique que l'on *fut*, que
l'on *eut*, ou que l'on *agit* dans un temps
tout-à-fait écoulé.

Exemples : *Je fus, tu eus, il aima, nous finî-*
mes, vous reçûtes, ils rendirent, je sortis.

Dans cette phrase : Je *partis* la semaine dernière, le verbe *partis* est au passé défini, parce qu'il indique l'action dans un temps entièrement écoulé; en effet, la semaine dernière est une période de temps entièrement passée.

58.

Qu'est-ce que le PASSÉ INDÉFINI? C'est un temps qui indique qu'on *a été*, qu'on *a eu*, ou qu'on *a agi* dans un temps passé, soit qu'il en reste ou non une partie à s'écouler. Il est composé du présent de l'indicatif du verbe *être* ou *avoir*, et d'un participe.

Exemples : *J'ai été, tu as eu, il a aimé; nous avons fini, vous avez reçu, ils ont rendu, je suis sorti.*

Dans cette phrase : *J'ai chanté hier*, le verbe *j'ai chanté* indique une action dans un temps entièrement écoulé; et dans celle-ci : *J'ai chanté aujourd'hui*, le verbe *j'ai chanté* indique une action dans un temps dont il reste encore quelque chose à s'écouler.

59.

Qu'est-ce que le PLUS-QUE-PARFAIT *de l'indicatif?* C'est un temps qui indique que l'on *avait été*, que l'on *avait eu*, ou que l'on *avait agi* quand une chose s'est faite. Il est composé de l'imparfait de l'indicatif du verbe *être* ou *avoir* et d'un participe.

Exemples : *J'avais été, tu avais eu, il avait aimé, nous avions fini, vous aviez reçu, ils avaient rendu, j'étais sorti.*

Dans cette phrase : *J'avais écrit* ma lettre lorsque vous êtes entré, le verbe *j'avais fini* est au plus-que-parfait, parce qu'il indique que l'on avait fait l'action d'écrire quand l'action d'entrer s'est faite.

60.

Qu'est-ce que le PRÉTÉRIT-ANTÉRIEUR ? C'est un temps qui indique l'action comme passée antérieurement à une autre action tout-à-fait passée. Il est toujours précédé de l'une des conjonctions *quand, dès que, après que, lorsque,* etc. Ce temps est composé du passé défini du verbe *être* ou *avoir* et d'un participe.

Exemples : *J'eus été, tu eus eu, il eut aimé, nous eûmes fini, vous eûtes reçu, ils eurent rendu, je fus sorti.*

Dans cette phrase : Dès *qu'il eut reçu* ma lettre il vint me voir, le verbe *il eut reçu* est un prétérit-antérieur, parce qu'il exprime une action faite antérieurement à l'action de venir qui est elle-même passée, et qu'il est précédé de la conjonction *dès que.*

61.

Qu'est-ce que le FUTUR *de l'indicatif?* C'est un temps qui indique qu'on *sera*, qu'on *aura*, ou qu'on *agira* dans un temps à venir.

Exemples : *Je serai, tu auras, il aimera, nous finirons, vous recevrez, ils rendront, je sortirai.*

Dans cette phrase : *Je finirai* ce livre demain, *je finirai* indique une action qui aura lieu dans un temps à venir.

62.

Qu'est-ce que le FUTUR-PASSÉ? C'est un temps qui marque que l'on *aura été*, que l'on *aura eu*, ou que l'on *aura agi* quand une chose se fera. Il est composé du futur simple du verbe *être* ou *avoir* et d'un participe.

Exemples : *J'aurai été, tu auras eu, il aura aimé, nous aurons fini, vous aurez reçu, ils auront rendu, je serai sorti.*

Dans cette phrase: *J'aurai lu* quand vous reviendrez, *j'aurai lu* indique que l'action de lire sera faite quand celle de venir aura lieu.

§ VII. *Temps de l'impératif.*

63.

Qu'est-ce que le PRÉSENT *de l'impéra-tif?* C'est un temps par lequel on ordonne ou l'on prie qu'une personne ou une chose *soit, ait* ou *agisse* dans un temps présent ou futur.

Exemples : *Sois, qu'il ait, aimons, recevons, finissez, qu'ils rendent, sors.*

Dans cette phrase : Travaillez, prenez de la peine, *pourquoi les verbes* travaillez, prenez, *sont-ils au présent de l'impératif?* C'est parce que, par leur moyen, on ordonne d'agir dans un temps présent ou futur.

§ VIII. *Temps du subjonctif.*

64.

Qu'est-ce que le PRÉSENT *du subjonc-tif?* C'est un temps qui exprime qu'il est ou qu'il sera possible ou nécessaire que l'on *soit,* que l'on *ait,* ou que l'on *agisse* dans un temps présent ou futur.

Exemples : *Il est possible ou il faut que je sois, que tu aies, qu'il aime, que nous finissions, que vous receviez, qu'ils rendent, que je sorte.*

Dans ces phrases : Il faut qu'*il sorte* aujourd'hui, il faudra qu'*il sorte* demain, *pourquoi le* verbe qu'il sorte *est-il au présent du subjonctif?* C'est qu'il exprime, dans la première, qu'il est nécessaire que l'on fasse l'action dans un temps présent; dans la seconde, qu'il est nécessaire que l'on fasse l'action dans un temps à venir.

65.

*Qu'est-ce que l'*IMPARFAIT *du subjonctif?* C'est un temps qui exprime qu'il était, qu'il fût ou qu'il serait possible ou nécessaire que l'on *fût*, que l'on *eût*, ou que l'on *agît* dans un temps présent ou futur.

Exemples : *Que je fusse, que tu eusses, qu'il aimât, que nous finissions, que vous reçussiez, qu'ils rendissent, que je sortisse.*

Dans ces phrases : Il fallait qu'*il sortît* aujourd'hui, il faudrait qu'*il sortît* demain, *pourquoi le verbe qu'il* sortît *est-il à l'imparfait du subjonctif?* C'est parce qu'il exprime qu'il était ou serait nécessaire que l'on fît l'action dans un temps présent ou futur.

66.

Qu'est-ce que le PARFAIT *du subjonctif?* C'est un temps qui exprime qu'il est ou qu'il sera possible ou nécessaire que l'on *ait été*, que l'on *ait eu*, ou que l'on *ait agi* dans un temps passé ou futur. Il est composé du présent du subjonctif du verbe *être* ou *avoir* et d'un participe.

Exemples : *Que j'aie été, que tu aies eu, qu'il ait aimé, que nous ayons fini, que vous ayez reçu, qu'ils aient rendu, que je sois sorti.*

Dans cette phrase : Je doute *qu'il soit sorti,* quand vous viendrez, *pourquoi le verbe qu'il soit sorti est-il au parfait du subjonctif?* C'est parce qu'il exprime qu'il est douteux que l'action soit faite dans un temps futur.

67.

Qu'est-ce que le PLUS-QUE-PARFAIT *du subjonctif?* C'est un temps qui exprime qu'il était, qu'il fût, qu'il avait été où qu'il serait possible ou nécessaire que l'on *eût été,* que l'on *eût eu,* ou que-l'on *eût agi* dans un temps présent ou passé. Il est composé de l'imparfait du subjonctif du verbe *être* ou *avoir* et d'un participe.

Exemples : *Que j'eusse été, que tu eusses eu, qu'il eût aimé, que nous eussions fini, que vous eussiez reçu, qu'ils eussent rendu, que je fusse sorti.*

Dans cette phrase : Il aurait fallu que *je fusse sorti* à trois heures, *pourquoi le verbe* que je fusse sorti *est-il au plus - que - parfait du subjonctif?*

C'est parce qu'il exprime qu'il aurait été nécessaire que l'on eût agi dans un temps passé.

§ IX. *Temps du conditionnel.*

68.

Qu'est-ce que le PRÉSENT *du conditionnel?* C'est un temps qui exprime que l'on *serait,* que l'on *aurait,* ou que l'on *agirait* dans un temps présent ou à venir.

Exemples : *Je serais, tu aurais, il aimerait, nous finirions, vous recevriez, ils rendraient, je sortirais.*

Dans cette phrase : Il sortirait aujourd'hui ou demain, si ses occupations le lui permettaient, *pourquoi le verbe* sortirait *est-il au présent du conditionnel?* C'est parce qu'il exprime qu'il agirait dans un temps présent ou à venir.

69.

Qu'est-ce que le PASSÉ *du conditionnel?* C'est un temps qui exprime que l'on *aurait été,* que l'on *aurait eu,* ou que l'on *aurait agi* dans un temps passé. Il est composé du présent du conditionnel du verbe *être* ou *avoir* et d'un participe.

Exemples : *J'aurais été, tu aurais eu, il aurait*

aimé, nous aurions fini, vous auriez reçu, ils au-
raient rendu, je serais sorti.

Dans cette phrase : Je serais sorti aujourd'hui
ou hier, si l'on ne m'en avait empêché, *pour-*
quoi le verbe je serais sorti *est-il au conditionnel
passé?* C'est parce qu'il indique que j'aurais agi
dans un temps passé.

§ X. *Subdivision de l'infinitif.*

70.

Qu'est-ce que le verbe RADICAL SIMPLE
ou INFINITIF PRÉSENT? C'est celui qui s'exprime par un seul mot, et qui est terminé en *er,* en *ir,* en *oir,* ou en *re.*

*Comment classe-t-on les verbes radicaux ou in-
finitifs par rapport à leurs quatre différentes terminaisons?* On les range en quatre conjugaisons :
la première terminée en ER, comme *aimer, parler;* la seconde en IR, comme *finir, sentir;* la
troisième en OIR, comme *avoir, recevoir;* et la
quatrième en RE, comme *rendre, instruire, boire.*

71.

Qu'est-ce que le verbe RADICAL COM-
POSÉ, *ou* INFINITIF PASSÉ? C'est un verbe
qui est composé du radical simple *être*
ou *avoir,* et d'un participe.

*Exemples : Avoir aimé, avoir fini, avoir reçu,
avoir rendu, être arrivé, être parti,* etc.

6

§ XI. *Subdivisions du participe.*

72.

Qu'est-ce qu'un participe ACTIF ? C'est un participe qui est terminé en *ant*, et qui affirme qu'une personne ou une chose a la qualité d'*être*, d'*avoir* ou d'*agir*.

Exemples : *Aimant, ayant, étant.*

Comment divise-t-on le participe actif ? En participe ACTIF PRÉSENT, et en GÉRONDIF.

73.

Qu'est-ce que le participe ACTIF PRÉSENT ? C'est un participe actif qui peut se tourner par un verbe personnel précédé de *qui* ou *il*.

Lorsqu'on dit : C'est un enfant difficile, aigre, se *plaignant* de tout, *comment le participe se* plaignant *est-il un participe actif présent ?* C'est qu'il peut se rendre par les mots *qui se plaint.* En effet, on peut dire, sans changer le sens : C'est un enfant difficile, aigre, *qui se plaint* de tout.

Et lorsqu'on dit : Il est poli, honnête, *recevant* bien son monde, *aimant* ses amis, *comment les mots* recevant, aimant, *sont-ils des participes actifs présens ?* C'est parce qu'ils peuvent se rendre par *il reçoit, il aime.* En effet, on peut dire, sans changer le sens : il est poli, *il reçoit* bien son monde, *il aime* ses amis.

74.

Qu'est-ce que le GÉRONDIF*?* C'est un participe actif qui est quelquefois précédé de la particule *en*, et qui peut se tourner par un verbe personnel précédé des conjonctions *parce que, lorsque, si.*

Quand on dit: Étant incommodé, je ne sortirai pas aujourd'hui, *comment le mot* étant *est-il gérondif?* C'est qu'il peut être remplacé par les mots *parce que je suis.* En effet, on peut dire, sans changer le sens : *Je ne sortirai pas aujourd'hui,* parce que je suis *incommodé.*

Et quand on dit : En *sortant*, il rencontra son ami, *comment le mot* sortant *est-il gérondif?* C'est qu'il peut être remplacé par *lorsqu'il sortait.* On peut dire : *lorsqu'il sortait* il rencontra son ami.

Et quand on dit : En *continuant* de vous appliquer, vous deviendrez habile, *comment le mot* continuant *est-il gérondif?* C'est qu'il peut être remplacé par les mots *si vous continuez.* C'est comme si l'on disait : *vous deviendrez habile,* si vous continuez *de vous appliquer.*

75.

Qu'est-ce qu'un participe PASSIF *ou* PASSÉ *?* C'est un participe qui, avec le verbe *avoir*, exprime une action qu'on a faite, et qui avec le verbe *être*, exprime

une qualité qu'on a ou une action qu'on
a reçue.

Exemples : *Aimé, accueilli, reçu,* etc.

*Faites voir comment ces participes joints au
verbe* avoir *expriment une action qu'on a faite, et
joints au verbe* être *expriment une qualité qu'on
a, ou une action qu'on a reçue.* Quand on dit:
J'ai aimé, J'ai accueilli, J'ai reçu, les participes
aimé, accueilli, reçu, expriment l'action que j'ai
faite d'*aimer,* d'*accueillir,* de *recevoir;* et quand
on dit: *Je suis aimé, je suis accueilli,* ils expriment la qualité que j'ai ou l'action que j'ai reçue
d'*être aimé* et *accueilli.*

*Tous les participes passés se joignent-ils égale-
ment aux verbes* être *et* avoir? Non; il y en a un
petit nombre qui ne se joignent qu'au verbe *être:*
tels sont les participes *parti, arrivé, sorti, tombé,* etc.

76.

Qu'est-ce qu'un participe ACTIF PASSÉ ?
C'est un participe qui est composé du
participe actif *étant* ou *ayant,* joint à
un participe passif ou passé.

Exemples : *Ayant aimé, ayant fini, étant rentré, étant sorti,* etc.

Faites voir comment les mots ayant, étant,
joints aux participes aimé, fini, rentré, sorti,
etc., expriment un temps passé. Le participe *ayant
aimé* exprime que ce n'est pas à présent qu'on

aime, mais qu'on a déjà aimé. Le participe *étant rentré* exprime que ce n'est pas à présent qu'on rentre, mais qu'on est déjà rentré.

CHAPITRE VII.
DIFFÉRENTES SORTES DE VERBES.

Comment divise-t-on les verbes ? En ACTIFS, PASSIFS, NEUTRES, RÉFLÉCHIS et IMPERSONNELS OU UNIPERSONNELS.

77.

Qu'est-ce qu'un verbe ACTIF? C'est un verbe qui exprime l'action que l'on fait, et après lequel on peut proposer les questions *qui?* ou *quoi?* ou mettre les mots *quelqu'un* ou *quelque chose*.

Exemples : *Aimer, lire, acheter, vendre,* etc.

Pourquoi les verbes aimer, lire, etc. *sont-ils des verbes actifs?* C'est qu'il expriment l'action que l'on fait et qu'on peut dire : Il aime; qui? *ses parens* ou *ses amis.* Nous lisons; quoi? *un livre, une lettre,* etc.

Avec quel auxiliaire conjugue-t-on les temps composés des verbes actifs? Avec l'auxiliaire *avoir.* (*Voyez* les tableaux de conjugaison, p. 72 et suiv.)

78.

Qu'est-ce qu'un verbe PASSIF? C'est un verbe qui exprime l'action reçue ou

6.

soufferte par le nominatif de la phrase, et après lequel on peut proposer les questions *par qui?* ou *par quoi? de qui? de quoi?*

Exemples : *Je suis aimé, tu seras cherché,* etc.

Dans cette phrase : César *fut tué* par Brutus; *fut tué* est un verbe passif, parce qu'il exprime l'action reçue par le nominatif et qu'on peut faire après la question *par qui?* Et dans cette phrase : Un enfant sage et obéissant *est aimé* de ses parens; *est aimé* est un verbe passif, parce qu'il exprime l'action soufferte par le nominatif *enfant*, et qu'on peut faire après la question *de qui?*

Comment tourne-t-on au passif une phrase dont le verbe est actif? On prend *l'accusatif* du verbe actif pour en faire le nominatif du verbe passif, et l'on ajoute au *nominatif* du verbe actif la préposition *par* ou *de*, pour en faire le régime du verbe passif.

Comment tourne-t-on au passif le verbe tuer *dans cette phrase :* Brutus tua César? On fait passer l'accusatif *César* au nominatif, et on fait du nominatif *Brutus* le régime de la préposition *par*, et l'on dit : *César fut tué par Brutus.*

Comment conjugue-t-on les verbes passifs? Avec l'auxiliaire *être*, en le joignant dans tous ses temps au participe passif du verbe qu'on veut conjuguer, ainsi les verbes passifs n'ont pas de temps simples.(*Voy.* le tabl. de conjugaison, p. 81).

79.

Qu'est-ce que les verbes NEUTRES? Ce sont ceux qui n'ont pas d'accusatif pour régime, c'est-à-dire après lesquels on ne peut pas faire la question *qui?* ou *quoi?* ni ajouter les mots *quelqu'un* ou *quelque chose.*

Exemples : *Languir, obéir,* etc. Ces verbes sont neutres, car on ne peut pas demander *languir quoi? obéir qui?*

En quoi le verbe neutre diffère-t-il du verbe actif? En ce qu'il ne peut pas, comme le verbe actif, se tourner par le passif. Ainsi cette phrase : *Tout le monde m'obéit,* ne peut pas se tourner par celle-ci : *Je suis obéi par tout le monde.*

Dans quel cas les verbes neutres deviennent-ils actifs? C'est lorsqu'ils ont un accusatif, et, dans ce cas, ils se conjuguent toujours avec le verbe *avoir.* Exemples : *On danse le ballet. On a descendu ce tableau.*

Dans quel cas les verbes actifs deviennent-ils neutres? C'est lorsqu'ils sont employés d'une manière absolue. Exemples : *Ce canif ne coupe pas. Le chameau boit peu.*

Comment conjugue-t-on les verbes neutres? Les uns se conjuguent de même que les verbes actifs avec l'auxiliaire AVOIR, comme *dormir, languir,* et les autres, avec l'auxiliaire ÊTRE, comme *arriver, tomber.*

(*Voyez* le tableau des conjugaisons, page 83.)

80.

Qu'est-ce que les verbes RÉFLÉCHIS? Ce sont ceux dont le nominatif et le régime expriment la même personne.

Exemples : *Je me contente* (je contente moi-même) *tu te nuis* (tu nuis à toi-même).

Combien y a-t-il d'espèces de verbes réfléchis? Il y en a trois : 1° ceux qui sont formés d'un verbe actif, comme *Je me flatte;* 2° ceux qui sont formés d'un verbe neutre, comme *Je me plais, Ils se nuisent ;* 3° ceux qui ne s'emploient jamais autrement que comme réfléchis. Exemples : *S'abstenir, s'emparer,* etc.

Avec quel auxiliaire conjugue-t-on les verbes réfléchis? Avec l'auxiliaire ÊTRE, de même que le verbe neutre *tomber.*

(*Voyez* le tableau des conjugaisons, page 85.)

81.

Qu'est-ce que les verbes UNIPERSONNELS? Ce sont ceux qui ne s'emploient qu'à la troisième personne du singulier avec le mot *il.*

Exemples : *Il faut, il importe, il pleut.*

Combien y a-t-il d'espèces de verbes unipersonnels? Il y en a deux, savoir : ceux qui le sont de leur nature, c'est-à-dire qui ne peuvent jamais s'employer qu'à la troisième personne du singulier, comme *Il faut, il importe, il pleut ;* et ceux qui de leur nature sont neutres et ne deviennent unipersonnels qu'accidentellement, comme dans ces phrases : *Il brille* sur son front une aimable assurance; *Il arrive* souvent qu'on se trompe. Les verbes *briller* et *arriver* sont neutres dans les phrases suivantes : Il (le soleil) *brille* de tout son éclat. Il (le courrier) *arrive* aujourd'hui.

Dans quel sens est employé le pronom il *joint aux verbes unipersonnels?* Il est employé dans le sens du pronom démonstratif *ceci.* Ainsi, quand on dit : Il faut parmi le monde une vertu traitable, c'est comme si l'on disait : Ceci, c'est-à-dire une vertu traitable, faut, est nécessaire, parmi le monde.

Le verbe unipersonnel Il y a, *de quoi tient-il la place?* Du verbe *Etre* ou *exister.* Il y a une nouvelle, veut dire une nouvelle existe; Il y avait un homme, veut dire un homme existait.

CHAPITRE VIII.

CONJUGAISON DES VERBES.

Qu'est-ce que conjuguer un verbe? C'est lui faire subir les inflexions de nombres, de personnes, de temps et de modes, et réciter ou écrire de suite ces différentes inflexions.

§ I. *Conjugaison des auxiliaires* ÊTRE *et* AVOIR.

MODE INDICATIF.

AVOIR.	ÊTRE.	AVOIR.	ÊTRE.
Présent.	*Présent.*	*Passé indéfini.*	*Passé indéfini.*
J'ai.	Je suis.	J'ai eu.	J'ai été
Tu as.	Tu es.	Tu as eu.	Tu as été
Il a—	Il est.	Il a eu.	Il a été
Nous avons.	Nous sommes.	Nous avons eu.	Nous avons été.
Vous avez.	Vous êtes.	Vous avez eu.	Vous avez été.
Ils ont.	Ils sont.	Ils ont eu.	Ils ont été.
Imparfait.		*Plus que-parfait.*	
J'avais.	J'étais.	J'avais eu.	J'avais été.
Tu avais.	Tu étais.	Tu avais eu.	Tu avais été.
Il avait.	Il était.	Il avait eu.	Il avait été.
Nous avions.	Nous étions.	Nous avions eu.	Nous avions été.
Vous aviez.	Vous étiez.	Vous aviez eu.	Vous aviez été.
Ils avaient.	Ils étaient.	Ils avaient eu.	Ils avaient été.
Passé défini.		*Prétérit-antérieur.*	
J'eus.	Je fus.	J'eus eu.	J'eus été.
Tu eus.	Tu fus.	Tu eus eu.	Tu eus été.
Il eut.	Il fut.	Il eut eu.	Il eut été.
Nous eûmes.	Nous fûmes.	Nous eûmes eu.	Nous eûmes été.
Vous eûtes.	Vous fûtes.	Vous eûtes eu.	Vous eûtes été.
Ils eurent.	Ils furent.	Ils eurent eu.	Ils eurent été.
Futur simple.		*Futur-passé.*	
J'aurai.	Je serai.	J'aurai eu.	J'aurai été.
Tu auras.	Tu seras.	Tu auras eu.	Tu auras été.
Il aura.	Il sera.	Il aura eu.	Il aura été.
Nous aurons	Nous serons.	Nous aurons eu.	Nous aurons été.
Vous aurez.	Vous serez.	Vous aurez eu.	Vous aurez été.
Ils auront.	Ils seront.	Ils auront eu.	Ils auront été.

MODE IMPÉRATIF.

AVOIR.	ÊTRE.	AVOIR.	ÊTRE.
Présent.	*Présent.*	*(Point de temps composé.)*	
Aie.	Sois.		
Qu'il ait.	Qu'il soit.		
Ayons.	Soyons.		
Ayez.	Soyez.		
Qu'ils aient.	Qu'ils soient.		

MODE SUBJONCTIF.

Présent.	*Présent.*	*Parfait.*	*Parfait.*
Que j'aie.	Que je sois.	Que j'aie eu.	Que j'aie été.
Que tu aies.	Que tu sois.	Que tu aies eu.	Que tu aies été.
Qu'il ait.	Qu'il soit.	Qu'il ait eu.	Qu'il ait été.
Que nous ayons.	Que nous soyons.	Que nous ayons eu	Que nous ayons été.
Que vous ayez.	Que vous soyez.	Que vous ayez eu.	Que vous ayez été.
Qu'ils aient.	Qu'ils soient.	Qu'ils aient eu.	Qu'ils aient été.
Imparfait.		*Plus-que-parfait.*	
Que j'eusse.	Que je fusse.	Que j'eusse eu.	Que j'eusse été.
Que tu eusses.	Que tu fusses.	Que tu eusses eu.	Que tu eusses été.
Qu'il eût.	Qu'il fût.	Qu'il eût eu.	Qu'il eût été.
Que nous eussions.	Que nous fussions.	Que nous euss. eu.	Que nous euss. été.
Que vous eussiez.	Que vous fussiez.	Que vous eussiez eu	Que vous euss. été.
Qu'ils eussent.	Qu'ils fussent.	Qu'ils eussent eu.	Qu'ils eussent été.

MODE CONDITIONNEL.

Présent.	*Présent.*	*Passé.*	*Passé.*
J'aurais.	Je serais.	J'aurais eu. (1)	J'aurais été. (2)
Tu aurais.	Tu serais.	Tu aurais eu.	Tu aurais été.
Il aurait.	Il serait.	Il aurait eu.	Il aurait été.
Nous aurions.	Nous serions.	Nous aurions eu.	Nous aurions été.
Vous auriez.	Vous seriez.	Vous auriez eu.	Vous auriez été.
Ils auraient.	Ils seraient.	Ils auraient eu.	Ils auraient été.

INFINITIF.

Présent.	*Présent.*	*Passé.*	*Passé.*
Avoir.	Être.	Avoir eu.	Avoir été.

PARTICIPE.

Actif.	*Actif.*	*Actif passé.*	*Actif passé.*
Ayant.	Étant.	Ayant eu.	Ayant été.
Passé.	*Passé.*		
Eu.	Été.		

---

(1) On dit aussi : *J'eusse eu, tu eusses eu, il eût eu, nous eussions eu vous eussiez eu, ils eussent eu.*

(2) On dit aussi : *J'eusse été,* etc

§ II. *Conjugaison des verbes actifs.*

PREMIÈRE CONJUGAISON.

AIMER.

Temps simples.   *Temps composés.*

INDICATIF.

Temps simples	Temps composés
PRÉSENT.	**PASSÉ INDÉFINI.**
J'aime.	J'ai aimé.
Tu aimes.	Tu as aimé.
Il aime.	Il a aimé.
Nous aimons.	Nous avons aimé.
Vous aimez.	Vous avez aimé.
Ils aiment.	Ils ont aimé.
IMPARFAIT.	**PLUS-QUE-PARFAIT.**
J'aimais.	J'avais aimé.
Tu aimais.	Tu avais aimé.
Il aimait.	Il avait aimé.
Nous aimions.	Nous avions aimé.
Vous aimiez.	Vous aviez aimé.
Ils aimaient.	Ils avaient aimé.
PASSÉ DÉFINI.	**PRÉTÉRIT-ANTÉRIEUR.**
J'aimai.	J'eus aimé.
Tu aimas.	Tu eus aimé.
Il aima.	Il eut aimé.
Nous aimâmes.	Nous eûmes aimé.
Vous aimâtes.	Vous eûtes aimé.
Ils aimèrent.	Ils eurent aimé.
FUTUR.	**FUTUR PASSÉ.**
J'aimerai.	J'aurai aimé.
Tu aimeras.	Tu auras aimé.
Il aimera.	Il aura aimé.
Nous aimerons.	Nous aurons aimé.
Vous aimerez.	Vous aurez aimé.
Ils aimeront.	Ils auront aimé.

Temps simples. *Temps composés.*

IMPÉRATIF.

PRÉSENT.

Aime.
Qu'il aime.
Aimons.
imez.
Qu'ils aiment.

SUBJONCTIF.

PRÉSENT.	PARFAIT.
Que j'aime.	Que j'aie aimé.
Que tu aimes.	Que tu aies aimé.
Qu'il aime.	Qu'il ait aimé.
Que nous aimions.	Que nous ayons aimé.
Que vous aimiez.	Que vous ayez aimé.
Qu'ils aiment.	Qu'ils aient aimé.

IMPARFAIT.	PLUSQUE-PARFAIT.
Que j'aimasse.	Que j'eusse aimé.
Que tu aimasses.	Que tu eusses aimé.
Qu'il aimât.	Qu'il eût aimé.
Que nous aimassions.	Que nous eussions aimé.
Que vous aimassiez.	Que vous eussiez aimé.
Qu'ils aimassent.	Qu'ils eussent aimé.

CONDITIONNEL.

PRÉSENT.	PASSÉ.
J'aimerais.	J'aurais aimé.
Tu aimerais.	Tu aurais aimé.
Il aimerait.	Il aurait aimé.
Nous aimerions.	Nous aurions aimé.
Vous aimeriez.	Vous auriez aimé.
Ils aimeraient.	Ils auraient aimé. (1)

(1) On dit aussi : *J'eusse aimé, tu eusses aimé, il eût aimé, nous eussions aimé, vous eussiez aimé, ils eussent aimé.*

7

INFINITIF.

Temps simples.	*Temps composés.*
PRÉSENT.	PASSÉ.
Aimer.	Avoir aimé.

PARTICIPES.

PRÉSENT.

Aimant.

GÉRONDIF.

En aimant.

PASSÉ.	ACTIF PASSÉ.
Aimé, Aimée ; Aimés, Aimées.	Ayant aimé.

FINIR.

INDICATIF.

PRÉSENT.	PASSÉ INDÉFINI.
Je finis.	J'ai fini.
Tu finis.	Tu as fini.
Il finit.	Il a fini.
Nous finissons.	Nous avons fini.
Vous finissez.	Vous avez fini.
Ils finissent.	Ils ont fini.
IMPARFAIT.	PLUSQUE-PARFAIT.
Je finissais.	J'avais fini.
Tu finissais.	Tu avais fini.
Il finissait.	Il avait fini.
Nous finissions.	Nous avions fini.
Vous finissiez.	Vous aviez fini.
Ils finissaient.	Ils avaient fini.
PASSÉ DÉFINI.	PRÉTÉRIT ANTÉRIEUR.
Je finis.	J'eus fini.
Tu finis.	Tu eus fini.
Il finit.	Il eut fini.
Nous finîmes.	Nous eûmes fini.
Vous finîtes.	Vous eûtes fini.
Ils finirent.	Ils eurent fini.

Temps simples.	*Temps composés.*
FUTUR.	**FUTUR PASSÉ.**
Je finirai.	J'aurai fini.
Tu finiras.	Tu auras fini.
Il finira.	Il aura fini.
Nous finirons.	Nous aurons fini.
Vous finirez.	Vous aurez fini.
Ils finiront.	Ils auront fini.

IMPÉRATIF.

PRÉSENT.

Finis.
Qu'il finisse.
Finissons.
Finissez.
Qu'ils finissent.

SUBJONCTIF.

PRÉSENT.	**PARFAIT.**
Que je finisse.	Que j'aie fini.
Que tu finisses.	Que tu aies fini.
Qu'il finisse.	Qu'il ait fini.
Que nous finissions.	Que nous ayons fini.
Que vous finissiez.	Que vous ayez fini.
Qu'ils finissent.	Qu'ils aient fini.
IMPARFAIT.	**PLUSQUE-PARFAIT.**
Que je finisse.	Que j'eusse fini.
Que tu finisses.	Que tu eusses fini.
Qu'il finît.	Qu'il eût fini.
Que nous finissions.	Que nous eussions fini.
Que vous finissiez.	Que vous eussiez fini.
Qu'ils finissent.	Qu'ils eussent fini.

CONDITIONNEL.

PRÉSENT.	**PASSÉ.**
Je finirais.	J'aurais fini.
Tu finirais.	Tu aurais fini.
Il finirait.	Il aurait fini.

Temps simples.	*Temps composés.*
Nous finir*ions*.	Nous aurions fini.
Vous finir*iez*.	Vous auriez fini.
Ils finir*aient*.	Ils auraient fini. (1)

INFINITIF.

PRÉSENT.	PASSÉ.
Fin*ir*.	Avoir fini.

PARTICIPES.

PRÉSENT.

Fin*issant*.

GÉRONDIF.

En fin*issant*.

PASSÉ.	ACTIF PASSÉ.
Fini , fini*e* ; fini*s* , fini*es*.	Ayant fini.

RECEVOIR.

INDICATIF.

PRÉSENT.	PASSÉ INDÉFINI.
Je reçois	J'ai reçu.
Tu reçois.	Tu as reçu.
Il reçoi*t*.	Il a reçu.
Nous recev*ons*.	Nous avons reçu.
Vous recev*ez*.	Vous avez reçu.
Ils reçoi*vent*.	Ils ont reçu.

IMPARFAIT.	PLUSQUE-PARFAI
Je recev*ais*.	J'avais reçu.
Tu recev*ais*.	Tu avais reçu.
Il recev*ait*.	Il avait reçu.
Nous recev*ions*.	Nous avions reçu.
Vous recev*iez*.	Vous aviez reçu.
Ils recev*aient*.	Ils avaient reçu.

(1) On dit aussi : *J'eusse fini, tu eusses fini, il eût fini,
nous eussions fini , vous eussiez fini , ils eussent fini.*

Temps simples. | *Temps composés.*

PASSÉ DÉFINI.	**PRÉTÉRIT ANTÉRIEUR.**
Je reçus.	J'eus reçu.
Tu reçus.	Tu eus reçu.
Il reçut.	Il eut reçu.
Nous reçûmes.	Nous eûmes reçu.
Vous reçûtes.	Vous eûtes reçu.
Ils reçurent.	Ils eurent reçu.
FUTUR.	**FUTUR PASSÉ.**
Je recevrai.	J'aurai reçu.
Tu recevras.	Tu auras reçu.
Il recevra.	Il aura reçu.
Nous recevrons.	Nous aurons reçu.
Vous recevrez.	Vous aurez reçu.
Ils recevront.	Ils auront reçu.

IMPÉRATIF.

PRÉSENT.

Reçois.
Qu'il reçoive.
Recevons.
Recevez.
Qu'ils reçoivent.

SUBJONCTIF.

PRÉSENT.	**PARFAIT.**
Que je reçoive.	Que j'aie reçu.
Que tu reçoives.	Que tu aies reçu.
Qu'il reçoive.	Qu'il ait reçu.
Que nous recevions.	Que nous ayons reçu.
Que vous receviez.	Que vous ayez reçu.
Qu'ils reçoivent.	Qu'ils aient reçu.
IMPARFAIT.	**PLUSQUE-PARFAIT.**
Que je reçusse.	Que j'eusse reçu.
Que tu reçusses.	Que tu eusses reçu.
Qu'il reçût.	Qu'il eût reçu.
Que nous reçussions.	Que nous eussions reçu.

Temps simples.	*Temps composés.*
Que vous reçussiez.	Que vous eussiez reçu.
Qu'ils reçussent.	Qu'ils eussent reçu.

CONDITIONNEL.

PRÉSENT.	PASSÉ.
Je recevrais.	J'aurais reçu.
Tu recevrais.	Tu aurais reçu.
Il recevrait.	Il aurait reçu.
Nous recevrions.	Nous aurions reçu.
Vous recevriez.	Vous auriez reçu.
Ils recevraient.	Ils auraient reçu. (1)

INFINITIF.

PRÉSENT.	PASSÉ.
Recevoir.	Avoir reçu.

PARTICIPES.

PRÉSENT.	
Recevant.	
GÉRONDIF.	
En recevant.	
PASSÉ.	ACTIF PASSÉ.
Reçu, reçue; reçus, reçues.	Ayant reçu.

RENDRE.

INDICATIF.

PRÉSENT.	PASSÉ INDÉFINI.
Je rends.	J'ai rendu.
Tu rends.	Tu as rendu.
Il rend.	Il a rendu.
Nous rendons.	Nous avons rendu.

---

(1) On dit aussi : *J'eusse reçu, tu eusses reçu, il eût reçu, nous eussions reçu, vous eussiez reçu, ils eussent reçu.*

Temps simples.	*Temps composés.*
Vous rend*ez*.	Vous avez rendu.
Ils rend*ent*.	Ils ont rendu.

IMPARFAIT.	PLUSQUE-PARFAIT.
Je rend*ais*.	J'avais rendu.
Tu rend*ais*.	Tu avais rendu.
Il rend*ait*.	Il avait rendu.
Nous rend*ions*.	Nous avions rendu.
Vous rend*iez*.	Vous aviez rendu.
Ils rend*aient*.	Ils avaient rendu.

PASSÉ DÉFINI.	PRÉTÉRIT ANTÉRIEUR.
Je rend*is*.	J'eus rendu.
Tu rend*is*.	Tu eus rendu.
Il rend*it*.	Il eut rendu.
Nous rend*îmes*.	Nous eûmes rendu.
Vous rend*îtes*.	Vous eûtes rendu.
Ils rend*irent*.	Ils eurent rendu.

FUTUR.	FUTUR PASSÉ.
Je rend*rai*.	J'aurai rendu.
Tu rend*ras*.	Tu auras rendu.
Il rend*ra*.	Il aura rendu.
Nous rend*rons*.	Nous aurons rendu.
Vous rend*rez*.	Vous aurez rendu.
Ils rend*ront*.	Ils auront rendu.

IMPÉRATIF.

PRÉSENT.

Rend*s*.
Qu'il rend*e*.
Rend*ons*.
Rend*ez*.
Qu'ils rend*ent*.

SUBJONCTIF.

PRÉSENT.	PARFAIT.
Que je rend*e*.	Que j'aie rendu.
Que tu rend*es*.	Que tu aies rendu.
Qu'il rend*e*.	Qu'il ait rendu.

Temps simples.	*Temps composes.*
Que nous rend*ions*.	Que nous ayons rendu.
Que vous rend*iez*.	Que vous ayez rendu.
Qu'ils rend*ent*.	Qu'ils aient rendu.

IMPARFAIT.	PLUSQUE-PÁRFAIT.
Que je rend*isse*.	Que j'eusse rendu.
Que tu rend*isses*.	Que tu eusses rendu.
Qu'il rend*ît*.	Qu'il eût rendu.
Que nous rend*issions*.	Que nous eussions rendu.
Que vous rend*issiez*.	Que vous eussiez rendu.
Qu'ils rend*issent*	Qu'ils eussent rendu.

CONDITIONNEL.

PRÉSENT.	PASSÉ.
Je rend*rais*.	J'aurais rendu.
Tu rend*rais*.	Tu aurais rendu.
Il rend*rait*.	Il aurait rendu.
Nous rend*rions*.	Nous aurions rendu.
Vous rend*riez*.	Vous auriez rendu.
Ils rend*raient*.	Ils auraient rendu. (1)

INFINITIF.

PRÉSENT.	PASSÉ.
Rend*re*.	Avoir rendu.

PARTICIPES.

PRÉSENT.

Rend*ant*.

GÉRONDIF.

En rend*ant*.

PASSÉ.

Rendu, rend*ue*; rend*us*, rend*ues*.

ACTIF PASSÉ.

Ayant rendu.

---

(1) On dit aussi : *J'eusse rendu, tu eusses rendu, il eût rendu, nous eussions rendu, vous eussiez rendu, ils eussent rendu.*

§ III. *Conjugaison des verbes passifs.*

ÊTRE AIMÉ.

INDICATIF.

PRÉSENT.

Je suis aimé *ou* aimée.
Tu es aimé *ou* aimée.
Il est aimé *ou* elle est aimée.

Nous sommes aimées *ou* aimées.
Vous êtes aimés *ou* aimées.
Ils sont aimés *ou* elles sont aimées.

IMPARFAIT.

J'étais aimé *ou* aimée.
Tu étais aimé.
Il était aimé.
Nous étions aimés.
Vous étiez aimés.
Ils étaient aimés.

PASSÉ DÉFINI.

Je fus aimé *ou* aimée.
Tu fus aimé.
Il fut aimé.
Nous fûmes aimés.
Vous fûtes aimés.
Ils furent aimés.

FUTUR.

Je serai aimé.
Tu seras aimé.
Il sera aimé.
Nous serons aimés.
Vous serez aimés.
Ils seront aimés.

PASSÉ INDÉFINI.

J'ai été aimé *ou* aimée.
Tu as été aimé *ou* aimée.
Il a été aimé *ou* elle a été aimée.

Nous avons été aimés *ou* aimées.
Vous av. été aimés *ou* aimées.
Ils ont été aimés *ou* elles ont été aimées.

PLUSQUE-PARFAIT.

J'avais été aimé *ou* aimée.
Tu avais été aimé.
Il avait été aimé.
Nous avions été aimés.
Vous aviez été aimés.
Ils avaient été aimés.

PRÉTÉRIT ANTÉRIEUR.

J'eus été aimé *ou* aimée.
Tu eus été aimé.
Il eut été aimé.
Nous eûmes été aimés.
Vous eûtes été aimés.
Ils eurent été aimés.

FUTUR COMPOSÉ.

J'aurai été aimé *ou* aimée.
Tu auras été aimé.
Il aura été aimé.
Nous aurons été aimés.
Vous aurez été aimés.
Ils auront été aimés.

IMPÉRATIF.

PRÉSENT.

Sois aimé *ou* aimée.
Qu'il soit aimé.
Soyons aimés.
Soyez aimés.
Qu'ils soient aimés.

SUBJONCTIF.

PRÉSENT.	PARFAIT.
Que je sois aimé *ou* aimée.	Que j'aie été aimé *ou* aimée.
Que tu sois aimé.	Que tu aies été aimé.
Qu'il soit aimé.	Qu'il ait été aimé.
Que nous soyons aimés.	Que nous ayons été aimés.
Que vous soyez aimés.	Que vous ayez été aimés.
Qu'ils soient aimés.	Qu'ils aient été aimés.

IMPARFAIT.	PLUSQUE-PARFAIT.
Que je fusse aimé *ou* aimée	Que j'eusse été aimé,
Que tu fusses aimé.	Que tu eusses été aimé.
Qu'il fût aimé.	Qu'il eût été aimé.
Que nous fussions aimés.	Que nous eussions été aimés.
Que vous fussiez aimés.	Que vous eussiez été aimés.
Qu'ils fussent aimés.	Qu'ils eussent été aimés.

CONDITIONNEL.

PRÉSENT.	PASSÉ.
Je serais aimé *ou* aimée.	J'aurais été aimé *ou* aimée.
Tu serais aimé.	Tu aurais été aimé.
Il serait aimé.	Il aurait été aimé.
Nous serions aimés.	Nous aurions été aimés.
Vous seriez aimés.	Vous auriez été aimés.
Ils seraient aimés.	Ils auraient été aimés (1).

---

(1) On dit aussi : *J'eusse été aimé* ou *aimée, tu eusses été aimé, il eût été aimé, nous eussions été aimés ; vous eussiez été aimés, ils eussent été aimés.*

INFINITIF.

PRÉSENT.	PASSÉ.
Être aimé *ou* aimée.	Avoir été aimé *ou* aimée.

PARTICIPES.

PRÉSENT.	ACTIF PASSÉ.
Etant aimé *ou* aimée.	Ayant été aimé *ou* aimée.

§ IV. *Conjugaison des verbes neutres.*

Les temps simples des verbes neutres se conjuguent comme les temps simples des verbes actifs.

Temps composés.

DORMIR.	TOMBER.
Ce verbe se conjugue avec l'auxiliaire *avoir*.	Ce verbe se conjugue avec l'auxiliaire *être*.

INDICATIF.

PASSÉ INDÉFINI.

J'ai dormi.	Je suis tombé *ou* tombée.
Tu as dormi.	Tu es tombé *ou* tombée.
Il *ou* elle a dormi.	Il *ou* elle est tombé *ou* tombée.
Nous avons dormi.	Nous sommes tombés *ou* tombées.
Vous avez dormi.	Vous êtes tombés *ou* tombées.
Ils *ou* elles ont dormi.	Ils *ou* elles sont tombés *ou* tombées.

PLUSQUE-PARFAIT.

J'avais dormi.	J'étais tombé *ou* tombée.
Tu avais dormi.	Tu étais tombé.
Il avait dormi.	Il était tombé.
Nous avions dormi.	Nous étions tombés.
Vous aviez dormi.	Vous étiez tombés.
Ils avaient dormi.	Ils étaient tombés.

PRÉTÉRIT ANTÉRIEUR.

J'eus dormi.	Je fus tombé *ou* tombée.
Tu eus dormi.	Tu fus tombé.
Il eût dormi.	Il fut tombé.
Nous eûmes dormi.	Nous fûmes tombés.
Vous eûtes dormi.	Vous fûtes tombés.
Ils eurent dormi.	Ils furent tombés.

FUTUR PASSÉ.

J'aurai dormi.	Je serai tombé *ou* tombée.
Tu auras dormi.	Tu seras tombé.
Il aura dormi.	Il sera tombé.
Nous aurons dormi.	Nous serons tombés.
Vous aurez dormi.	Vous serez tombés.
Ils auront dormi.	Ils seront tombés.

SUBJONCTIF.

PARFAIT.

Que j'aie dormi.	Que je sois tombé *ou* tombée.
Que tu aies dormi.	Que tu sois tombé.
Qu'il ait dormi.	Qu'il soit tombé.
Que nous ayons dormi.	Que nous soyons tombés.
Que vous ayez dormi.	Que vous soyez tombés.
Qu'ils aient dormi.	Qu'ils soient tombés.

PLUSQUE-PARFAIT.

Que j'eusse dormi.	Que je fusse tombé *ou* tombée.
Que tu eusses dormi.	Que tu fusses tombé.
Qu'il eût dormi.	Qu'il fût tombé.
Que nous eussions dormi.	Que nous fussions tombés.
Que vous eussiez dormi.	Que vous fussiez tombés.
Qu'ils eussent dormi.	Qu'ils fussent tombés.

CONDITIONNEL.

PASSÉ.

J'aurais dormi.	Je serais tombé *ou* tombée.
Tu aurais dormi.	Tu serais tombé.
Il aurait dormi.	Il serait tombé.
Nous aurions dormi.	Nous serions tombés.

V   Vous auriez dormi. |Vous seriez tombés.
II   Ils auraient dormi. (1) |Ils seraient tombés. (2)

INFINITIF.
PASSÉ.

4   Avoir dormi. |Etre tombé, ée ; és, ées.

PARTICIPE.
ACTIF PASSÉ.

4   Ayant dormi. |Etant tombé, ée ; és, ées.

§ V. *Conjugaison des verbes réfléchis.*

SE REPENTIR.

Temps simples.   *Temps composés.*

INDICATIF.

PRÉSENT. |PASSÉ INDÉFINI.

Je me repens. |Je me suis repenti *ou* re-
                             | pentie.
Tu te repens. |Tu t'es repenti *ou* repentie.
Il *ou* elle se repent. |Il s'est repenti *ou* elle s'est
                             | repentie.
Nous nous repentons. |Nous nous sommes repentis
                             | *ou* repenties.
Vous vous repentez. |Vous vous êtes repentis *ou*
                             | repenties.
Ils *ou* elles se repentent. |Ils se sont repentis *ou* elles
                             | se sont repenties.

IMPARFAIT. |PLUSQUE-PARFAIT.

Je me repentais. |Je m'étais repenti.
Tu te repentais. |Tu t'étais repenti.
Il se repentait. |Il s'était repenti.
Nous nous repentions. |Nous nous étions repentis.
Vous vous repentiez. |Vous vous étiez repentis.
Ils se repentaient. |Ils s'étaient repentis.

---

(1) On dit aussi : *J'eusse dormi, tu eusses dormi, il eût dormi, nous eussions dormi, vous eussiez dormi, ils eussent dormi.*

(2) On dit aussi : *Je fusse tombé ou tombée, tu fusses tombé, il fût tombé, nous fussions tombés ou tombées, vous fussiez tombés, ils fussent tombés.*

Temps simples.	*Temps composés.*
PASSÉ DÉFINI.	**PRÉTÉRIT ANTÉRIEUR.**
Je me repentis.	Je me fus repenti.
Tu te repentis.	Tu te fus repenti.
Il se repentit.	Il se fut repenti.
Nous nous repentîmes.	Nous nous fûmes repentis.
Vous vous repentîtes.	Vous vous fûtes repentis.
Ils se repentirent.	Ils se furent repentis.
FUTUR.	**FUTUR PASSÉ.**
Je me repentirai.	Je me serai repenti.
Tu te repentiras.	Tu te seras repenti.
Il se repentira.	Il se sera repenti.
Nous nous repentirons.	Nous nous serons repentis.
Vous vous repentirez.	Vous vous serez repentis.
Ils se repentiront.	Ils se seront repentis.

IMPÉRATIF.

PRÉSENT.

Repens-toi.
Qu'il se repente.
Repentons-nous.
Repentez-vous.
Qu'ils se repentent.

SUBJONCTIF.

PRÉSENT.	**PARFAIT.**
Que je me repente.	Que je me sois repenti.
Que tu te repentes.	Que tu te sois repenti.
Qu'il se repente.	Qu'il se soit repenti.
Que nous nous repentions.	Que n. n. soyons repentis.
Que vous vous repentiez.	Que v. v. soyez repentis.
Qu'ils se repentent.	Qu'ils se soient repentis.
IMPARFAIT.	**PLUSQUE-PARFAIT.**
Que je me repentisse.	Que je me fusse repenti.
Que tu te repentisses.	Que tu te fusses repenti.

Temps simples.	*Temps composés.*
Qu'il se repentît.	Qu'il se fût repenti.
Que nous nous repentissions	Que n. n. fussions repentis.
Que vous vous repentissiez.	Que v. v. fussiez repentis.
Qu'ils se repentissent.	Qu'ils se fussent repentis.

CONDITIONNEL.

PRÉSENT.	PASSÉ.
Je me repentirais.	Je me serais repenti *ou* repentie.
Tu te repentirais.	Tu te serais repenti.
Il se repentirait.	Il se serait repenti.
Nous nous repentirions.	Nous nous serions repentis.
Vous vous repentiriez.	Vous vous seriez repentis.
Ils se repentiraient.	Ils se seraient repentis.

INFINITIF.

PRÉSENT.	PASSÉ.
Se repentir.	S'être repenti.

PARTICIPES.

PRÉSENT.	
Se repentant.	
GÉRONDIF.	
En se repentant.	
PASSÉ.	ACTIF PASSÉ.
Repenti, ie ; is, ies.	S'étant repenti, ie ; is, ies.

§ VI. *Conjugaison des verbes unipersonnels.*

FALLOIR.

Temps simples.	*Temps composés.*

INDICATIF.

PRÉSENT.	PASSÉ INDÉFINI.
Il faut.	Il a fallu.
IMPARFAIT.	PLUSQUE-PARFAIT.
Il fallait.	Il avait fallu.

Temps simples.	*Temps composés.*
PASSÉ DÉFINI.	PRÉTÉRIT ANTÉRIEUR.
Il fallut.	Il eut fallu.
FUTUR.	FUTUR PASSÉ.
Il faudra.	Il aura fallu.

SUBJONCTIF.

PRÉSENT.	PARFAIT.
Qu'il faille.	Qu'il ait fallu.
IMPARFAIT.	PLUSQUE—PARFAIT.
Qu'il fallût.	Qu'il eût fallu.

CONDITIONNEL.

PRÉSENT.	PASSÉ.
Il faudrait.	Il aurait fallu. (1)
INFINITIF.	PARTICIPE.
PRÉSENT.	ACTIF PASSÉ.
Falloir.	Ayant fallu.

CHAPITRE IX.

SUBDIVISIONS DES PARTICULES.

§ I. *Prépositions.*

82.

Qu'est-ce qu'une PRÉPOSITION *proprement dite ?* C'est une préposition qui ne fait connaître ni le genre ni le nombre du nom dont elle est suivie, mais qui en indique seulement le cas.

______

(1) On dit aussi : *Il eût fallu.*

Exemples : *De, à, pour, sans, avec, jusqu'à, près de,* etc.

Comment divise-t-on les prépositions ? En simples, qui s'expriment par un seul mot, telles sont : *de, à, en, pour*; et en composées, qui s'expriment par plusieurs mots, telles sont : *hors de, jusqu'à, vis-à-vis de.*

83.

Qu'est-ce que les ARTICLES? Ce sont des espèces de prépositions qui font comprendre le nombre, et quelquefois le genre du nom auquel on les joint : ce sont : *le, la, les, du, des, au, aux.*

Comment divise-t-on les articles ? En SIMPLES et en CONTRACTES.

Quels sont les articles SIMPLES? Ce sont *le, la, les.*

Pourquoi les appelle-t-on simples ? Parce qu'ils ne renferment en eux-mêmes ni la préposition *de*, ni la préposition *à.*

Comment peut-on connaître si le, la, les *sont des articles ou des pronoms ?* L'article est toujours suivi d'un nom, comme *le* ciel, *la* terre, *les* hommes, au lieu que le pronom tient toujours la place du nom, et il est joint à un verbe, comme, Je *le* répète (Je répète *cela*), je *la* vois (je vois *elle*), je *les* entends (J'entends *eux* ou *elles.*)

Quels sont les articles CONTRACTES? Ce sont *du, des, au, aux.*

Pourquoi les appelle-t-on CONTRACTES? Parce qu'ils renferment la préposition *de* ou *à*, et l'article *le* ou *les* ; ainsi *du* signifie *de le*, *des* signifie *de les*, *au* signifie *à le* ; *aux* signifie *à les*.

Quel genre et quel nombre indiquent les articles simples ? Le indique le masculin singulier ; *la* indique le féminin singulier ; *les* indique le pluriel des deux genres.

Quel genre et quel nombre indiquent les articles contractes ? Du indique le masculin singulier ; *des* indique le pluriel des deux genres, *au* indique le masculin singulier ; *aux* indique le pluriel des deux genres.

§ II. *Adverbes.*

84.

Qu'est-ce que les adverbes de TEMPS ? Ce sont des adverbes qui expriment le temps dans lequel on *est*, on *a*, on *agit*. Ils répondent à la question *Quand ?* ou *Pendant combien de temps ?*

Exemples : *Aujourd'hui, autrefois, demain,* etc.

Montrez comment, par une expression ou par une phrase adverbiale, on peut remplacer un adverbe de temps ? Au lieu de dire *maintenant,* on peut dire *dans ce moment-ci,* ou *dans le moment où nous parlons.*

85.

Qu'est-ce que les adverbes de LIEU ? Ce sont des adverbes qui expriment le lieu dans lequel on *est*, on *a*, on *agit.*

Ils répondent aux questions *Où ? d'où ? par où ?*

Exemples : *Ici, là, par là*, etc.

Montrez comment, par une expression ou par une phrase adverbiale, on peut remplacer un adverbe de lieu ? Au lieu de dire *ici*, on peut dire *dans cet endroit-ci*, ou *dans l'endroit où nous sommes*.

86.

Qu'est-ce que les adverbes de MANIÈRE ? Ce sont des adverbes qui expriment la manière dont on *est*, dont on *a*, dont on *agit*. Ils répondent à la question *Comment ?*

Exemples : *Bien, mal, passablement.*

Montrez comment, par des expressions adverbiales, on peut remplacer un adverbe de manière ? Au lieu de dire *décemment*, on peut dire *d'une manière décente, avec décence.*

Comment se terminent la plupart des adverbes de manière et d'où sont-ils formés ? Ils se terminent en *ment* et se forment des adjectifs. Exemples : *Poliment, honnêtement, rarement*, des adjectifs *poli, honnête, rare.*

Les adverbes de qualité ne sont-ils pas, comme les adjectifs, susceptibles des trois degrés de signification, positif, comparatif et superlatif ? Oui, ainsi on dit : *Plus poliment, très poliment, le plus poliment*, etc. Quelques autres adverbes, tels que *tard, souvent, près, loin*, ont aussi un comparatif et un superlatif. *Plus tard, très souvent, le plus près, le plus loin*, etc.

Quels sont les adverbes de manière qui par eux-mêmes expriment une comparaison? Ce sont : *mieux*, au lieu de *plus bien*, et *pis* au lieu de *plus mal*.

87.

Qu'est-ce que les adverbes de QUANTITÉ? Ce sont des adverbes qui expriment l'étendue et la quantité. Ils répondent à la question *Combien? à quel point?*

Exemples : *Beaucoup, peu, assez.*

Montrez comment, par une expression adverbiale, on peut remplacer un adverbe de quantité? Au lieu de dire *beaucoup*, on peut dire *en grande quantité*.

Les adverbes de quantité ne sont-ils pas employés quelquefois substantivement? Oui, c'est lorsqu'ils sont suivis de la préposition *de*. Dans cette phrase : *Les bavards disent peu de choses en beaucoup de mots, peu* et *beaucoup* sont employés substantivement, *peu* comme accusatif du verbe *disent*, *beaucoup* comme régime de la préposition *en*.

88.

*Qu'est-ce que les adverbes d'*INTERROGATION? Ce sont des adverbes qui expriment l'interrogation.

Exemples : *Quand? où? comment? combien? pourquoi?*

Montrez comment on peut remplacer l'un de ces adverbes par des expressions adverbiales? Au lieu de dire *quand?* on peut dire *en quel temps? a quelle époque?*

89.

Qu'est-ce que les adverbes de NÉGATION? Ce sont des adverbes qui expriment la négation, c'est-à-dire qui nient l'existence, la possession ou l'action.

Exemples : *Non, ne, ne.... pas, ne.... point*

90.

*Qu'est-ce que les adverbes d'*AFFIRMATION? Ce sont des adverbes qui affirment avec certitude que l'on *est*, que l'on *a*, ou que l'on *agit*.

Exemples : *Oui, sûrement, assurément*, etc.

§ III. *Conjonctions.*

91.

Qu'est-ce que les conjonctions DISJONCTIVES? Ce sont des conjonctions qui marquent une alternative ou une distinction.

Exemples : *Ou, ou bien, soit, soit que, tantôt* répété.

Expliquez cela par un exemple. Lorsqu'on dit, *C'est le soleil* ou *la terre qui tourne*, le mot *ou* fait comprendre que si l'un tourne, l'autre ne tourne pas, et que tous les deux ne font pas ensemble l'action de tourner.

92.

Qu'est-ce que les conjonctions CONDITIONNELLES? Ce sont des conjonctions qui énoncent une supposition, une condition.

Exemples : *Si, supposé que, à moins que, pourvu que, en cas que.*

Expliquez cela par un exemple. Lorsqu'on dit, *Vous deviendriez bon*, si *vous étiez docile*, le mot *si* exprime que la phrase *vous deviendriez bon* dépend de la phrase *si vous étiez docile*, et que votre docilité est une condition nécessaire pour que vous deveniez bon.

93.

Qu'est-ce que les conjonctions ADVERSATIVES? Ce sont des conjonctions qui marquent une opposition entre ce qui précède et ce qui suit.

Exemples : *Mais, cependant, néanmoins, pourtant, nonobstant que, quoique.*

Expliquez cela par un exemple. Lorsqu'on dit, *La satisfaction qu'on tire de la dissipation ne dure que quelques instans,* MAIS *celle qu'on tire de l'étude dure long-temps,* la conjonction *mais* marque l'opposition qui existe entre la satisfaction qu'on tire *de la dissipation,* et celle qu'on tire *de l'étude.*

94.

Qu'est-ce que les conjonctions COPULATIVES? Ce sont des conjonctions qui servent à assembler deux mots ou deux phrases sous une même affirmation, ou sous une même négation.

Exemples : *Et, de même que, ainsi que, comme,* pour l'affirmation, *ni, non plus,* pour la négation.

Faites voir comment la conjonction copulative ET *sert à assembler deux mots sous une même affirmation.* Dans cette phrase, *Il a de l'esprit* ET *du cœur,* le mot *et* fait entendre que *l'esprit* et le *cœur* se trouvent ensemble dans la même personne, et il lie sous la même affirmation les noms *esprit* et *cœur.*

Faites voir comment la conjonction copulative NI *sert à assembler deux mots sous la même négation.* Dans la phrase, *L'homme indolent n'a* NI *vice* NI *vertu,* le mot *ni,* qui est employé pour refuser à-la-fois le *vice* et la *vertu* à l'homme indolent, lie sous la même négation les noms *vice* et *vertu.*

95.

Qu'est-ce que les conjonctions CONCLUSIVES? Ce sont des conjonctions qui servent à déduire une conséquence, une conclusion de ce qui a été dit auparavant.

Exemples : Donc, ainsi, par conséquent.

Expliquez cela par un exemple. Quand on dit, *Cet homme est juste,* DONC *il vous dédommagera de vos peines,* on fait sentir par le moyen de la conjonction *donc,* que le *dédommagement* de vos peines est une conséquence et une suite nécessaire de *la justice* de cet homme.

96.

Qu'est-ce que les conjonctions CAUSALES ? Ce sont des conjonctions qui expriment une cause, un motif, une raison.

Exemples : Parce que, car, puisque, attendu que.

Expliquez cela par un exemple. Quand on dit, *Évitez l'oisiveté,* PARCE QU'*elle est la source de tous les vices,* le mot *parce que* annonce le motif pour lequel il faut éviter l'oisiveté, savoir, parce qu'elle est la source de tous les vices.

97.

Qu'est-ce que les conjonctions EXPLI-CATIVES? Ce sont des conjonctions qui servent à expliquer et à faire mieux comprendre ce qui a été dit dans la phrase précédente.

Exemples : C'est-à-dire, savoir, comme, ainsi que, de sorte que.

Expliquez cela par un exemple. Quand on dit, *L'arithmétique,* C'EST-A-DIRE *la science des nombres, est fort nécessaire,* le mot *c'est-à-dire* fait comprendre que, par le mot *arithmétique,* on a voulu dire *la science des nombres.*

98.

Qu'est-ce que les conjonctions TRAN-SITIVES? Ce sont des conjonctions qui servent à marquer le passage ou la transition de ce qu'on a dit à ce qu'on va dire.

Exemples : Et puis, d'ailleurs, or, en outre.

Expliquez cela par un exemple. Dans cette phrase, *Tout homme est sujet à l'erreur,* ET PUIS *un enfant n'y est-il pas plus sujet qu'un autre?* Le mot *et puis* exprime le passage de cette vérité, *tout homme est sujet à l'erreur,* à cette seconde vérité, *un enfant y est plus sujet qu'un autre.*

99.

Qu'est-ce que la conjonction conduc-

tive QUE ? C'est une conjonction qui sert à conduire à sa perfection le sens de la phrase qui la précéde.

Expliquez cela par un exemple. Quand on dit : *Il est important* QUE *nous soyons instruits*, la première phrase, *il est important*, n'offre pas un sens complet; la conjonction *que* amène la seconde phrase qui achève le sens.

Quel est le moyen de reconnaître si que *est une conjonction conductive ou un pronom ?* Si *que* peut se tourner par *lequel, laquelle, quelle chose*, c'est un pronom; si non, c'est une conjonction.

100.

Qu'est-ce que les conjonctions de TEMPS? Ce sont celles qui expriment une circonstance de temps.

Exemples : *Quand, lorsque, dès que, avant que, tandis que, depuis que, jusqu'à ce que,* etc.

Expliquez cela par un exemple. Dans cette phrase, DÈS QU'*on est en colère, il ne faut ni parler ni agir*, la conjonction *dès que* annonce le moment, la circonstance où il ne faut ni parler ni agir.

DEUXIÈME PARTIE.

ORTHOGRAPHE ET SYNTAXE.

LEÇON PRÉLIMINAIRE.

Qu'est-ce que l'orthographe des mots ? C'est la manière de les écrire correctement.

Combien y a-t-il d'espèces d'orthographe ? Il y en a deux : l'orthographe usuelle et l'orthographe grammaticale.

Qu'est-ce que l'orthographe usuelle ? C'est celle qui dépend entièrement de l'usage et que l'on ne peut apprendre qu'en étudiant l'origine, l'étymologie des mots, ou en consultant les dictionnaires. L'usage seul apprendra qu'il faut écrire ainsi : *dans,* préposition, et non *dant* ou *dent.*

Qu'est-ce que l'orthographe grammaticale ? C'est celle qui dépend de la connaissance des règles de la grammaire. Ainsi, celui qui sait que l'on ajoute une *s* au substantif pour en former le pluriel, écrira *des hommes* et non *des homme.*

Qu'entend-on par syntaxe ? On appelle syntaxe la manière de lire et de combiner ensemble les mots pour exprimer des pensées et former des propositions.

Combien y a-t-il d'espèces de syntaxe? Il y en a deux, la syntaxe d'accord et la syntaxe de régime.

Qu'est-ce que la syntaxe d'accord? C'est celle qui enseigne la manière dont les mots s'accordent entre eux. Ainsi, c'est par la syntaxe d'accord qu'on apprend que les adjectifs sont du même genre et du même nombre que les substantifs auxquels ils se rapportent.

Qu'est-ce que la syntaxe de régime? C'est celle qui enseigne de quelle manière les mots dépendent les uns des autres. Ainsi, c'est par la syntaxe de régime qu'on apprend que dans cette phrase: *l'opprobre avilit l'âme et flétrit le courage*, les mots *âme* et *courage* sont à l'accusatif, le premier, parce qu'il dépend du verbe *avilit*; le second, parce qu'il dépend du verbe *flétrit*. La syntaxe de régime apprend encore qu'au lieu de dire : *Il assiégea et s'empara de la ville ;* il faudrait dire : *Il assiégea la ville et s'en empara.*

Qu'est-ce qu'une proposition? C'est une réunion de mots qui énoncent un jugement, c'est-à-dire qui affirment qu'une personne ou une chose a ou n'a pas telle ou telle qualité, fait ou ne fait pas telle ou telle action.

Combien d'élémens contient toute proposition? Elle en contient trois, savoir : le sujet, le verbe et l'attribut. Le sujet est l'objet que l'on affirme avoir une qualité ou faire une action ; l'attribut est la qualité ou l'action attribuée au sujet, et le verbe mots. Ainsi, le mot *bon* est primitif, parce que de lui dérivent les mots *bonté, bonnement, bonifier, bonnasse,* par l'addition de quelques terminaisons. De ce même primitif se forment encore les mots *bonheur, bonjour, bonsoir, bonhomme, bonhomie.* Ces derniers s'appellent composés, parce qu'ils sont composés du mot primitif et d'un autre mot usité ou non qu'on y ajoute ; les premiers s'appellent dérivés.

Faites connaître la famille du mot grand, *c'est-à-dire présentez en forme de tableau les dérivés et les composés de ce mot primitif.*

GRAND.
- grande. . grandement.
- grandir. agrandir.
  - ragrandir.
  - agrandissement.
  - ragrandissement.
- grandeur.
- grandiose.
- grand'mère.
- grand'messe.
- grandesse.
- grandissime.
- grandelet.

Faites voir comment, par la dérivation, on peut connaître les consonnes finales des mots primitifs. Si l'on a recours aux dérivés, on saura que les lettres *d, l, p, t,* terminent les substantifs *dard, gril, drap, trot,* parce que ces lettres se font sentir dans les dérivés *darder, griller, draper, trotter.* On saura de même que les consonnes *d, t, s,* terminent les adjectifs *grand, puissant, soumis,* par les dérivés *grande, puissante, soumise.*

Par quel moyen peut-on connaître les consonnes finales des mots qui n'ont point de dérivés ? En plaçant immédiatement après ces mots un autre mot qui commence par une voyelle ou une *h* muette; ainsi on saura que les mots *beaucoup, sans, état, nez,* sont terminés par les consonnes *p, s, t, z,* parce que ces consonnes se font sentir lorsqu'on dit : *beaucoup aimé, sans ennui, état alarmant, nez aquilin.*

Quelle règle faut-il suivre dans l'orthographe des mots d'une même famille ? Il faut écrire de la même manière, dans les dérivés, les syllabes et les sons qui se trouvent dans le primitif. Ainsi, dans les mots *scientifique, scientifiquement, prescience, conscience, escient, sciemment* la syllabe ou le son *scien* s'écrira de cette manière, parce qu'il se trouve ainsi écrit dans *science* qui en est le primitif. On observera que si dans *sciemment* le son *a* s'écrit par *em,* c'est uniquement pour conserver l'orthographe du primitif.

Quelles règles particulières d'orthographe usuelle peut-on donner sur les terminaisons des substantifs ? Celles qui conviennent au plus grand nombre de mots et offrent le moins d'exceptions sont les suivantes :

1. Le son final *a* s'écrit par *at* à la fin des noms de dignité ou de profession, comme *consulat, avocat,* ou à la fin des mots où cette terminaison est ajoutée à un mot terminé par un *e* muet, comme *orgeat* (orge), *forçat* (force).

2. Le son final *ère* s'écrit par *aire* dans les sub-

suprême, *sucré*, et ceux qui commencent par *super* comme *superlatif*, *supérieur*.

8. Ceux qui commencent par les sons *com* et *im* suivis d'une voyelle doublent l'*m*. Exemples : *Commère*, *immense*, excepté : *Comique*, *comice*, *comité*, *comédien*, *comète*, *coma*, *com*estible.

9. Généralement toute consonne placée après un *e* muet ne se double pas. Exemples : Jeter, appeler, amener ; excepté *ressource*, *ressouvenir* et tous les mots où la prononciation indique deux *s*.

Quelles règles peut-on donner sur l'orthographe des voyelles nasales ?

1. Le son *an* au milieu d'un mot s'écrit par *am*, quand il est suivi des lettres *b*, *p*. Exemples : Chambre, *tampon*, et par *an*, quand il est suivi de *ch*. Exemples : Manche, tranche ; excepté per*venche* et *pencher*.

2. Le son initial *in* s'écrit par *im*, quand il est suivi des lettres *m*, *b*, *p*. Exemples : *Immense*, *imbécille*, *impunité*, et par *in* dans tout autre cas, excepté dans le mot *ainsi*. Exemples : *Infirme*, *intime*.

3. Le son final *in* s'écrit par *en* quand il est précédé d'un *i* ou d'un *é*. Exemples : Rien, bien, Iduméen, Chaldéen, etc.

4. Toute voyelle nasale *an*, *en*, *in*, *on*, *un* change *n* en *m* devant *m*, *b*, *p*. Exemples : *Ampoule*, *immunité*, *embellir*, *imposer*, *tromper*, *humble*, etc., excepté dans les mots bonbon, embonpoint, nonpareille, néanmoins, nous vînmes, nous tînmes.

Dans quel cas le son eu s'écrit-il par œu et œ? Il s'écrit par *œu* dans bœuf, œuf, cœur, chœur d'église, manœuvre, mœurs, nœud, œuvre, sœur, vœu et par *œ* dans œil, œillet.

Dans quels mots le g dur s'écrit-il par gu? Le *g* dur ne s'écrit par *gu* qu'avant *é* ou *i*, comme dans guérite, guide, etc. et dans les verbes en *guer*. Exemple : Il naviguait. Les mots dérivés de ces verbes ne conservent pas l'*u*, navigation, navigable.

CHAPITRE II.

ACCENS, TREMA, APOSTROPHE, TRAIT-D'UNION, CEDILLE ET LETTRES CAPITALES.

§ I. *Accens.*

Qu'entend-on par accens en grammaire ? On nomme *accens* certains signes qui se placent sur les voyelles pour indiquer la manière dont on doit les prononcer.

Combien y a-t-il d'accens ? Il y en a trois, savoir : l'accent *aigu* (´), le *grave* (`) et le *circonflexe* (ˆ).

Où se place l'accent aigu ? Sur les *é* fermés qui terminent une syllabe, comme dans *sé-vé-ri-té*. *Danger, lisez* s'écrivent sans accent, bien que la prononciation indique l'*é* fermé, parce que ce n'est pas l'*é*, mais l'*r* et le *z* qui terminent la syllabe. On supprime encore l'accent sur l'*é* fermé quand il est suivi d'un *x*, comme dans *exil* pour *eg-zil, Alexandre*, etc.

Où se place l'accent grave ? On le place 1° sur

les *è* ouverts, comme dans *père*, *progrès*, excepté lorsque l'*è* ouvert est suivi d'un *x*, comme dans *sexe*, *vexatoire*; 2° sur *à* préposition pour le distinguer de *a* verbe; 3° sur *là* adverbe pour le distinguer de *la* article; 4° sur *dès* préposition pour le distinguer de *des* article; 5° sur *où* marquant le lieu pour le distinguer de *ou* conjonction disjonctive; 6° enfin sur l'*a* final dans les mots *déjà*, *voilà*, *çà*, *en-deçà*, *au-delà*, *oui-dà*, *par-delà*.

Où se place l'accent circonflexe? On le place 1° Sur toute voyelle qui représente un son long si dans un dérivé cette voyelle est suivie d'une *s*, exemples : *Apre* d'où dérive *aspérité*, *bête* d'où dérive *bestiaux*, *épître* d'où dérive *épistolaire*, *apôtre* d'où dérive *apostolique*, etc.

2° Sur les voyelles longues dans une infinité de mots que l'usage seul peut faire connaître; ainsi *a* s'écrit par *â* dans *âge*, *âcre*, *bâiller*, *blâmer*, *câble*, *câlin*, *câpre*, *crâne*, *râble*, *râle*, *râper*, etc. *E* est long dans *alêne*, *chêne*, *frêle*, *guêpe*, *frêne*, *gêne*, *pêne*, *même*, etc. *I* est long dans *gîte*, *dîme*, *dîner*, *abîme*, *huître*, etc. *O* est long dans *drôle*, *aumône*, *môle*, *contrôle*, *pentecôte*, *chômer*, *rôle*, *prône*, *trône*, etc. *U* est long dans *flûte*, *bûche*, *brûler*, *affût*, *mûr* et *sûr* adjectifs, *piqûre*, etc.

3° Sur la troisième personne du singulier de l'imparfait du subjonctif, exemples : qu'il *fût*, qu'il *eût*, qu'il *aimât*, etc. : et sur la première et la deuxième personne plurielle du passé défini. Exemples : Nous *fûmes*, vous *aimâtes*, etc.

4° Sur les mots *dû*, *tû* et *crû*, participes des verbes *devoir*, *taire* et *croître*, pour les distinguer de *du* article, de *tu* pronom et de *cru* participe de *croire*.

§ II. *Tréma.*

Qu'est-ce que le tréma ? C'est un double point (..) qu'on place sur une voyelle pour la faire prononcer séparément de celle qui la précède , comme dans ces mots : *Haïr, Saül, laïque*, etc., qui sans le tréma se prononceraient comme *hère, sôle, laique.*

§ III. *Apostrophe.*

Qu'est-ce que l'apostrophe et à quoi sert-elle ? L'apostrophe est un petit signe (') qui se place entre deux lettres et qui indique la suppression d'une des trois voyelles *a*, *e* muet et *i*. *A* et *e* se suppriment dans les mots *je , me, te, ce, se, de, ne, le, la, que*, lorsque le mot qui suit ces monosyllabes commence par une *voyelle* ou une *h* muette : ainsi au lieu d'écrire *je* étudie *la* histoire, etc., on écrit *j'étudie l'histoire*, etc.

Quelque perd l'*e* final devant *un* et *autre*, *quelqu'un, quelqu'autre.*

Entre et *presque* perdent l'*e* final dans la composition des mots. Exemples : *Entr'acte, presqu'île*. — *Quoique, puisque* et *lorsque* perdent l'*e* avant *il*, *elle*, *on*, *un*, *une*. Exemples : *lorsqu'il* parle, *puisqu'on* veut, etc.

Grande perd l'*e* dans les expressions *grand'* *mère*, *grand'messe*, etc. par raison d'usage et de prononciation.

Jusque perd l'*e* devant *à*, *au*, *aux*, *ici*. Exemples: *Jusqu'à* moi, *jusqu'au* ciel, *jusqu'aux* cieux, *jusqu'ici*.

I s'élide dans *si*, suivi de *il* ou *ils*. Exemples : *S'il* est sage, *s'ils viennent* et non *si il* est sage, etc.

§ IV. *Trait d'union.*

Qu'est-ce que le trait d'union et à quoi sert-il ? Le trait d'union est un petit signe (-) qui sert ordinairement à lier deux mots qui par le sens n'en doivent faire qu'un seul. Exemples : *Coup-d'œil*, *chausse-pied*. Il se met aussi entre les verbes et les pronoms placés après le verbe. Exemples : *Irai-je*, *vient-on*, *donne-lui*, *portes-en*, *allez-y*, *dites-le-moi*. Il lie aussi l'adjectif *même* à un pronom. Exemples : *Lui-même*, *nous-mêmes*; les monosyllabes *là* et *ci* à un autre mot. Exemples : *Celui-là*, *celle-ci*, *là-haut*, *ci-dessus*, ce *livre-ci*, cette *plume-là*, etc.

§ V. *Cédille.*

Qu'est-ce que la cédille et quel en est l'usage ? La cédille est une espèce de petit *c* (ç) qu'on met sous le *c*, afin d'en adoucir la prononciation, quand il est suivi des voyelles *a*, *o*, *u*, comme dans *Français*, il *commença*, il *reçut*, etc., qui sans cela se prononceraient *Frankais*, il *commenka*, il *rekut*.

10.

§ VI. *Lettres capitales ou majuscules.*

Quel est l'usage des majuscules? Les majuscules commencent chaque phrase, chaque vers et tous les noms propres. Exemples : *Moïse*, *Marie*, *la France*, *le Rhin*, *les Alpes*, *la mer Rouge*. Les noms de sciences, d'arts, s'ils sont pris dans un sens individuel qui distingue la science, l'art, de toute autre science, de tout autre art doivent commencer par une majuscule. Exemples: Il est honteux d'ignorer l'*Orthographe*; la *Géométrie* forme le raisonnement. Les noms abstraits personnifiés prennent aussi une majuscule. Exemple :

Descends du haut des cieux, auguste *Vérité*,
Répands sur mes écrits ta force et la clarté.

CHAPITRE III.
SUBSTANTIF.

§ I. *Genre des substantifs.*

Quels sont les substantifs qui changent de genre en changeant de nombre? Ce sont *délice*, *amour* et *orgue* qui sont masculins au singulier et féminins au pluriel. On dit : *un grand délice, toutes mes délices ; un saint amour, de folles amours : un bon orgue, de bonnes orgues.*

N'y a-t-il pas des substantifs qui changent de genre en changeant de signification? Oui, par exemple :

AIGLE est féminin quand il signifie une enseigne militaire, un drapeau, et masculin dans toute

autre acception. On dit : *Les aigles romaines,
l'aigle courageux, c'est un aigle.*

Greffe est féminin quand il désigne une
branche entée sur un arbre, et masculin quand
il signifie le lieu où se déposent les registres d'un
tribunal.

Hymne est féminin quand il signifie les canti-
ques de l'église et masculin dans tout autre cas.
Exemples : *les belles hymnes* de Santeuil, *un
hymne guerrier.*

A quel genre le substantif gens *veut-il les adjectifs ou les pronoms qui s'y rapportent?* Il veut
au féminin tous les adjectifs qui le précèdent et
au masculin les adjectifs et les pronoms qui le
suivent. Exemple : *Les vieilles gens sont prudens, ils aiment à donner des conseils.* Cependant il veut l'adjectif *tout* au masculin quand il
en est précédé immédiatement ou quand il en est
séparé par un adjectif dont la terminaison est
commune aux deux genres. Exemples : *Tous les
gens de lettres, tous les jeunes gens.*

De quel genre est le substantif orge? Il est toujours du féminin, excepté quand il est suivi des
adjectifs *mondé* et *perlé.*

*De quel genre sont les lettres de l'alphabet em-
ployées comme substantifs?* Selon l'ancienne appellation, les lettres *f, h, l, m, n, r, s* sont du
genre féminin, toutes les autres sont du masculin ;
et, selon la nouvelle appellation, toutes les lettres
sont du masculin : on dit un *fe,* un *le,* un *me,*
etc., en ne faisant que faiblement sentir l'*e* muet.

§ II. *Nombre des substantifs.*

Comment forme-t-on généralement le pluriel des substantifs? En ajoutant *s* à la fin. Exemples : la *loi*, les *lois*, le *temple*, les *temples*.

Les substantifs terminés au singulier par s, z, x, comment font-ils au pluriel? Ils gardent ces mêmes lettres. Exemples : le *fils*, les *fils*; le *nez*, les *nez*; la *voix*, les *voix*.

Les substantifs terminés au singulier par au, eu, comment font-ils au pluriel? Ils prennent un *x*. Exemples : le *bateau*, les *bateaux*, le *feu*, les *feux*.

Les substantifs terminés au singulier par ou, comment font-ils au pluriel? Ils prennent une *s*. Exemples : le *bambou*, les *bambous*; le *trou*, les *trous*; le *filou*, les *filous*, etc.; excepté *chou*, *caillou*, *genou*, *hibou*, *pou*, qui prennent un *x* : les *choux*, les *cailloux*, les *genoux*, les *hiboux*, les *poux*.

Les substantifs terminés au singulier par al, comment ont-ils leur pluriel? En *aux*. Exemples : le *mal*, les *maux*; le *cheval*, les *chevaux*; excepté *bal*, *cal*, *carnaval*, *pal*, *régal*, qui font *bals*, *cals*, etc.

Comment forme-t-on le pluriel des substantifs terminés au singulier par ail? En y ajoutant une *s*. Exemples : Le *camail*, les *camails*; le *détail*, les *détails*; l'*éventail*, les *éventails*, etc., excepté *travail*, *corail*, *émail*, *bail*, qui font au pluriel *travaux*, *coraux*, *émaux*, *baux*; *travail* fait aussi au pluriel les *travails*, quand il désigne les machines où l'on ferre les chevaux, ou bien les comptes qu'un chef d'administration rend à un supérieur. On dit : ce commis a présenté aujourd'hui plusieurs *travails* au ministre. *Bercail* et *bétail* n'ont pas de pluriel ; *bestiaux* n'a pas de singulier ; *ail*, espèce d'ognon, s'écrit au pluriel *aulx*.

Comment se terminent au pluriel les mots aïeul, ciel, œil ? Ils ont chacun deux pluriels, savoir : AIEUL fait *aïeux* quand il signifie *ancêtres*, et *aïeuls* quand ils désignent précisément le grand-père paternel et le grand-père maternel.

CIEL fait au pluriel *ciels* dans les *ciels* de lit ou de tableau, les *ciels* de carrière et dans le sens de température. Dans tous les autres cas il fait *cieux*.

OEIL fait au pluriel *yeux*. On dit cependant des *œils-de-bœuf* (petite fenêtre ovale), des *œils-de-perdrix* (terme de broderie).

Comment se forme le pluriel des substantifs terminés au singulier par ant *ou* ent ? Ils prennent une *s* en conservant ou en perdant le *t*. Ainsi on écrit également bien les *commencemens* et les *commencements*, les *enfans* et les *enfants* ; mais les monosyllabes, excepté *gens*, conservent le *t*. On doit écrire des *gants*, des *dents*.

N'y a-t-il pas des substantifs qui ne prennent pas la marque du pluriel ? Oui, ce sont 1° les mots invariables de leur nature et certaines locutions employés accidentellement comme substantifs : tels sont les *si*, les *mais*, les *car*, les *pourquoi*, etc., les *on dit*, les *qu'en-dira-t-on*.

2º Les mots empruntés des langues étrangères et qui ne sont pas encore francisés, tels que des *pater*, des *ave*, des *alleluia*, etc. On trouve dans le dictionnaire de l'académie, avec la marque du pluriel, des *bravos*, des *opéras*, etc., parce que ces mots sont francisés.

3º Les noms propres quand ils désignent plusieurs personnes de la même famille ou portant le même nom. Ainsi on écrit sans la marque du pluriel : Cordoue est la patrie des deux *Sénèque*, il est peu de gens aussi distingués dans la robe que les *Nicolaï* et les *Lamoignon*.

Cependant si ces noms propres étaient employés comme noms communs, c'est-à-dire pour désigner des personnes semblables à celles dont on cite le nom, ils suivraient la règle des substantifs communs et prendraient une *s*. Ainsi on écrira avec la marque de pluriel : Un Auguste aisément peut faire des *Virgiles*, c'est-à-dire des poëtes aussi habiles que Virgile. On écrira sans la marque du pluriel : les *Corneille* et les *Racine* ont illustré la scène française, parce que ces substantifs désignent les individus qui ont porté ces noms.

N'y a-t-il pas des substantifs qui ne sont usités qu'au singulier et d'autres qui ne s'emploient qu'au pluriel ? Les substantifs qui ne sont usités qu'au singulier sont : 1º Les noms de métaux, de vices, de vertus, pris dans un sens général, et d'autres que l'usage apprendra. On ne dit pas les *fers*, les *argens*, les *sincérités*, les *colères*, les *encens*, les *faims*, les *pourpres*, etc.; mais on dit en parlant de diverses qualités de fer, les *fers* de Suède et de Russie, et en parlant de certains momens d'impatience ordinaires aux enfans, les *petites colères*, parce que les mots *fers*, *colères*, etc., sont alors pris dans un sens particulier. 2° Les adjectifs et certains verbes pris substantivement, tels que le *vrai*, l'*utile*, le *boire*, le *manger*.

Les substantifs qui ne s'emploient qu'au pluriel, sont : *Ancêtres*, *funérailles*, *mœurs*, *pleurs*, etc.

§ III. *Pluriel des noms composés.*

Qu'est-ce qu'un substantif composé ? C'est une expression formée de plusieurs mots liés par un trait d'union et qui équivalent à un seul substantifs : tels sont les mots *garde-manger* et *petit-maître* qui éveillent à-peu-près la même idée que les mots *buffet* et *fat*.

Quelle règle générale doit-on suivre pour former le pluriel des substantifs composés ? On doit examiner la nature et le sens de chacun des mots partiels, ne mettre la marque du pluriel qu'aux substantifs et aux adjectifs, et les écrire à l'un ou à l'autre nombre suivant qu'il y a pluralité ou non dans l'idée.

Quelles règles particulières peut-on donner pour l'orthographe des diverses classes de substantifs composés ?

Première règle. Quand les substantifs composés sont formés de deux noms joints immédiatement, c'est-à-dire de deux substantifs ou d'un adjectif et d'un substantif, les deux mots prennent la marque du pluriel. Exemples : le *chef-lieu*, des *chefs-lieux* ; une *plate-bande*, des *plates-bandes*.

Exceptions. Un *bec-figues* (oiseau dont le *bec* pique les *figues*), des *bec-figues*.

Un *appui-main* (un *appui* pour la *main*), des *appuis-main*.

Un *brèche-dents* (qui a une *brèche* dans les *dents*), des *brèche-dents*.

Des *blanc-seings* (des *seings* ou signatures sur papier *blanc*).

Des *terre-pleins* (des lieux *pleins* de *terre*).

Des *grand'mères* (l'adjectif est invariable par raison de prononciation). Des *chevau-légers* (l'usage refuse au substantif la marque du pluriel).

Remarque. Lorsque dans le nom composé il entre un mot qu'on n'emploie pas seul, comme dans *pie-grièche*, *gomme-gutte*, *loup-garou*, ce mot est regardé comme adjectif et prend la marque du pluriel. On écrit des *pies-grièches*, des *gommes-guttes*, des *loups-garous*.

DEUXIÈME RÈGLE. Quand un nom composé est formé d'un substantif et d'un autre mot qui n'est pas nom, le substantif prend seul la marque du pluriel, si toutefois il y a pluralité dans l'idée. Ainsi on écrira avec une *s* au pluriel : des *avant-coureurs* (des *coureurs* qui vont en *avant*), une *arrière-garde*, des *arrière-gardes* (*gardes* qui marchent en *arrière*).

S'il y a unité dans l'idée, le substantif ne prendra pas d's au pluriel : ainsi on écrira : des *serre-tête* (bonnets qui serrent la *tête*), des *abat-jour* (fenêtres qui abattent le *jour*), des *tire-balle* (instrumens qui retirent la *balle* du fusil), etc.

Si, au contraire, il y a toujours pluralité dans l'idée, le substantif prendra une *s* au singulier comme au pluriel. Ainsi on écrira de même : un ou des *couvre-pieds* (couvertures qui couvrent les *pieds*), un ou des *cure-dents* (petit instrument qui cure les *dents*).

Troisième règle. Quand un nom composé est formé de deux substantifs unis par une préposition exprimée ou sous-entendue, le premier substantif prend seul la marque du pluriel. Ex. Un *arc-en-ciel*, des *arcs-en-ciel* (ne prononcez pas l's), un *chef-d'œuvre*, des *chefs-d'œuvre*, un *bain-marie* ; des *bains-marie* (bains de Marie), un *Hôtel-Dieu*, des *Hôtels-Dieu* (hôtel de Dieu), etc.

Exceptions. Des *coq-à-l'âne* (discours sans suite où l'on passe du *coq* à l'*âne*), des *pied-à-terre* (logemens où l'on a seulement le *pied à terre*), des *tête-à-tête* (entrevues où l'on est *seul à seul*).

Quatrième règle. Quand un nom composé n'est formé que de mots qui ne sont pas noms, aucune de ses parties ne prend la marque du pluriel. Ainsi l'on écrira sans la marque du pluriel,

1º *Les mots composés de deux verbes*. Ex. Un *laissez-passer*, des *laissez-passer* ; un *passe-passe*, des *passe-passe* ; un *ouï-dire*, des *ouï-dire*.

2° *Les mots composés d'un verbe et d'un adverbe ou d'une préposition.* Exemples : Un *passe-partout*, des *passe-partout* ; un *réveille-matin*, des *réveille-matin* ; un *pour-boire*, des *pour-boire*.

3° *Les mots composés de deux mots invariables de leur nature.* Exemples : Un *après-midi*, des *après-midi*.

CINQUIÈME RÈGLE. Les noms composés formés de mots empruntés aux langues étrangères ne prennent pas la marque du pluriel. Exemples : Un *Te-Deum*, des *Te-Deum* ; un *auto-da-fe*, des *auto-da-fe* ; un *mezzo-termine*, des *mezzo-termine*.

CHAPITRE IV.

ADJECTIF.

§ I. *Formation du féminin dans les adjectifs.*

Comment se forme le féminin dans les adjectifs français ? Ceux qui sont terminés au masculin par un *e* muet ne changent pas ordinairement de terminaison au féminin, comme *habile*, *honnête* ; cependant *maître* fait *maîtresse* au féminin, *prince* fait *princesse*, *prêtre* fait *prêtresse*, etc. , les autres adjectifs prennent un *e* au féminin, comme *grand*, *charmant*, qui font *grande*, *charmante*.

Quels sont les adjectifs qui doublent au féminin leur consonne avec l'e muet ?

Ces adjectifs sont, 1° ceux qui sont terminés

nés en *eur*, expriment une comparaison, prennent un *e* muet. Exemples : antérieur, antérieure; citérieur, citérieure; supérieur, supérieure; majeur, majeure; mineur, mineure; meilleur, meilleure.

N'y a-t-il pas des adjectifs terminés en eur qui ont deux terminaisons différentes au féminin? Oui, ce sont *chanteur*, qui fait au féminin *chanteuse*, qui aime à chanter; *cantatrice*, qui fait profession de chanter; *demandeur*, *demandeuse*, qui fait métier de demander; *demanderesse* en style de palais; *chasseur*, qui fait *chasseuse* en prose et *chasseresse* en poésie.

Bâilleur et *pécheur* avec l'accent circonflexe, font au féminin *bâilleuse*, qui bâille souvent, *pêcheuse* qui prend du poisson.

Bailleur sans accent et *pécheur* avec l'accent aigu, font au féminin *bailleresse*, qui prête des fonds ou fait un bail, et pécheresse qui commet des fautes.

§ II. *Formation du pluriel dans les adjectifs.*

Comment forme-t-on le pluriel des adjectifs? Comme le pluriel des substantifs, c'est-à-dire qu'on ajoute une *s* à la fin. Exemple : *Bon*, *bonne*, au pluriel *bons*, *bonnes*.

Les adjectifs terminés au singulier par s ou x, comment font-ils au pluriel? Ils gardent ces mêmes lettres. Exemples : *Frais*, *soumis*, *gros*, *heureux*, *doux*, etc.

Les adjectifs terminés au singulier par eau,

comment font-ils au pluriel ? Ils prennent un *x.* Exemple : *Nouveau , nouveaux. Bleu* fait au pluriel *bleus.*

Les adjectifs masculins qui finissent en al *au singulier, comment font-ils au pluriel?* Ils changent *al* en *aux.* Exemples : *Général, généraux; égal, égaux ; moral, moraux,* etc.; mais la plupart de ces adjectifs n'ont pas de pluriel, tels sont *austral, boréal, conjugal, fatal, final, frugal, jovial, littéral, naval, paschal, pastoral, trivial, vénal.* Ainsi on ne peut pas mettre au pluriel les expressions suivantes : *Un combat naval, un amour filial, un instant fatal,* etc. Dans ce cas on fait en sorte de remplacer le substantif masculin par un substantif féminin qui lui soit synonyme. Ainsi on dira : *Des batailles navales, des tendresses filiales, des heures fatales,* etc.

Les adjectifs terminés en ent *ou en* ant, *comment forment-ils leur pluriel?* Ils prennent une *s* à la fin en perdant ou en conservant le *t.* Ainsi on écrit également au pluriel : Des hommes *prudents* ou *prudens ;* des jeux *bruyants* ou *bruyans,* etc. Les monosyllabes seuls, excepté l'adjectif *tout,* doivent conserver le *t.* Ainsi on dira : Des hommes *lents* et non pas *lens.*

Quels sont les adjectifs numéraux qui changent de genre et de nombre? Parmi les nombres ordinaux, *premier, second* prennent un *e* au féminin, et tous les nombres ordinaux, en général, prennent une *s* au pluriel. Parmi les nombres cardinaux *un* fait au féminin *une* ; *cent* prend une *s* lorsqu'il exprime plus d'un cent et qu'il n'est pas suivi d'un nom de nombre : on écrit *cent* ans et *deux cents* ans ; mais on l'écrit sans *s* lorsqu'il est suivi d'un nom de nombre, comme *deux cent trente ans*, *quatre cent cinquante hommes* ; *vingt* prend une *s* lorsqu'il est précédé de quatre et qu'il n'est pas suivi d'un nombre : on écrit *quatre-vingts* ans, et *quatre-vingt-cinq* ans : les autres noms de nombre sont indéclinables.

Lorsque les nombres vingt *et* cent *sont précédés d'un nom de nombre et qu'ils ne sont suivis ni d'un substantif ni d'un adjectif sont-ils déclinables?* Ils sont indéclinables s'ils sont pris comme nombres ordinaux, exemple : Charlemagne fut élu empereur en l'an *huit cent*, c'est-à-dire *huit centième* ; ils sont déclinables quand on peut sous-entendre après eux un substantif, exemple : Nous étions près de *deux cents* à table (deux cents personnes).

De combien de manières écrit-on mille ? De trois manières : *mil* dans la supputation des années, exemple : Les Croisés prirent Jérusalem en l'an *mil* quatre-vingt-dix-neuf ; *mille* pour exprimer le nombre dix fois cent, exemple : Salomon avait dans ses écuries quarante *mille* chevaux d'attelage ; *mille* avec une *s* au pluriel lorsqu'il est pris substantivement pour exprimer une mesure itinéraire, exemple : Deux *milles* font environ une lieue.

§ III. *Accord des adjectifs.*

Comment l'adjectif s'accorde-t-il avec le substantif ? Tout adjectif doit être du même genre et du même nombre que le substantif ou le pronom auquel il se rapporte. Exemple : Le *bon papier*, la *bonne plume*, les *bons papiers*, les *bonnes plumes.*

Quand un adjectif se rapporte à deux noms singuliers, à quel nombre doit-il être lui-même ? Au pluriel. Exemple : Le riche et le pauvre sont *égaux* devant Dieu, et non pas *égal*, parce que le riche et le pauvre font deux.

L'adjectif qui se rapporte à deux noms dont l'un est masculin et l'autre féminin, de quel genre doit-il être ? Du masculin. Exemple : Cette rose et cet œillet sont *beaux*, et non pas *belles.* Il faut avoir soin de mettre le substantif masculin le dernier quand l'adjectif a une terminaison particulière pour chaque genre ; afin d'épargner à l'oreille la rencontre choquante d'un substantif féminin avec un adjectif masculin. Ainsi il ne faudrait pas dire : Cet *œillet* et cette *rose* sont *beaux.*

N'arrive-t-il pas quelquefois que l'adjectif se rapportant à plusieurs substantifs ne s'accorde qu'avec le dernier ? Oui, c'est 1° lorsque les substantifs sont synonymes, c'est-à-dire lorsqu'ils ont à-peu-près la même signification. Exemple : Cesar avait un courage, une intrépidité *extraor-*

dinaire. Toute sa vie n'a été qu'un travail, qu'une occupation *continuelle*.

2° Quand ces substantifs sont unis par la conjonction *ou*. Exemple : Il lui a fallu une adresse ou une présence d'esprit *extraordinaire* pour sortir de ce danger.

L'adjectif demi *ne devient-il pas quelquefois indéclinable ?* Il ne change pas quand il est avant le substantif; mais quand il est après, il en prend seulement le genre; ainsi on dit : Une *demi*-heure et une heure et *demie ;* une *demi*-livre, deux livres et *demie*. Quand *demi* est employé substantivement, il prend la marque du pluriel. Exemple : Cette pendule sonne les *demies*.

Les adjectifs nu, excepté, supposé, feu *ne sont-ils pas quelquefois aussi indéclinables ? Nu, excepté, supposé* ne varient point quand ils précèdent le substantif et en prennent le genre et le nombre, quand ils le suivent. On dit : *Nu*-tête, *nu*-jambes, *excepté* les fêtes, *supposé* ces principes; et tête *nue*, jambes *nues*; les fêtes *exceptées*, ces principes *supposés*.

L'adjectif feu est variable quand il précède immédiatement le substantif, comme dans Votre *feue* mère; il est invariable quand il est séparé du substantif qui le suit par un article ou un pronom, comme dans *Feu* la reine, *Feu* votre mère.

Lorsqu'un adjectif, composé de deux adjectifs, comme châtain clair, *se rapporte à un substantif pluriel, lequel des deux adjectifs prend la marque du pluriel?* Ils restent tous les deux invariables : on écrit des cheveux *châtain clair*, des chapeaux *rose tendre*, c'est-à-dire d'un *châtain clair*, d'un *rose tendre*.

Le même adjectif peut-il toujours qualifier indifféremment des noms de personnes et des noms de choses? Non, il y a des adjectifs qui peuvent qualifier également les personnes et les choses, comme *agréable*, *utile*; on dit également bien *personne agréable*, *chose agréable*, *personne utile*, *chose utile* : mais il y en a d'autres qui ne peuvent convenir qu'à des personnes, tels sont *excusable*, *consolable*, et d'autres qui ne conviennent qu'à des choses, tels que *pardonnable*, *déplorable*, *contestable*, etc.

Pour suivre une règle fixe, à cet égard, il faut s'assurer si ces adjectifs dérivent d'un verbe. Si le verbe d'où ils dérivent veut pour accusatif un nom de personne, l'adjectif peut qualifier des personnes; on peut dire *un homme inconsolable*, parce qu'on dit *consoler une personne*. Si le verbe veut pour accusatif un nom de chose, l'adjectif peut qualifier une chose; on peut dire une *faute impardonnable*, parce qu'on dit *pardonner une faute* à quelqu'un.

Si le verbe pouvait avoir pour régime direct un nom de personne et un nom de chose, il est évident que l'adjectif conviendrait également aux personnes et aux choses.

Les adjectifs pris adverbialement sont-ils déclinables? Non, ils restent invariables : ainsi on dit : ces fleurs sentent *bon*, et non pas *bonnes*. Cependant on pourra dire : Ma fille, marchez *droit* ou *droite*. On dira *marchez droit*, si l'on entend *marcher en droite ligne*, et *droite* si l'on veut dire, *marcher en tenant votre personne droite*.

Dans quel cas le mot tout *est-il indéclinable ?* C'est lorsqu'il est pris adverbialement et qu'il se met à la place de *entièrement, quoique... très*. Ex. Elle est *tout interdite* (entièrement interdite); *tout éclairés* qu'ils sont, les savans ignorent bien des choses (quoiqu'ils soient très éclairés).

Dans quelle circonstance l'adjectif tout, *quoique pris adverbialement, est-il déclinable ?* C'est lorsqu'il est suivi d'un adjectif féminin qui commence par une consonne ou une *h* aspirée. Exemples : Elle est *toute contrefaite*, *toute honteuse ; toute ingrate* et *toute méchante* qu'elle est, son sort fait pitié ; ces hardes *tout usées* et *toutes vieilles* qu'elles sont, pourront servir.

L'adjectif nouveau *pris adverbialement se met-il indifféremment avant les substantifs masculins et les substantifs féminins ?* Non, il ne se met qu'avant les substantifs masculins ; on dit *des enfans nouveau-nés*, mais on devrait dire *des petites filles nouvellement nées*.

Comment écrit-on l'adjectif quelque *suivi de* que ? On l'écrit en un seul mot ou en deux mots.

1º On l'écrit en un seul mot, lorsqu'il est suivi d'un substantif seul ou d'un substantif, précédé d'un adjectif. Dans ce cas il s'accorde en nombre avec le substantif. Exemple : *Quelques richesses* que vous ayez, de *quelques grands avantages que* vous jouissiez, vous ne serez jamais estimé si vous n'êtes vertueux.

Il s'écrit encore en un seul mot lorsqu'il est suivi d'un adjectif seul ou d'un adverbe. Dans ce cas il reste invariable. Exemple : *Quelqu'habiles, quelque profondément instruits que* nous soyons, ne faisons jamais un vain étalage de notre science.

2° *Quelque* s'écrit en deux mots quand il est suivi d'un verbe, et dans ce cas le mot *quel* est adjectif et s'accorde en genre et en nombre avec le substantif qui suit le verbe. Exemple : *Quels que soient* ses talens, *quelles que soient* ses richesses, il ne doit pas mépriser les autres.

Emploie-t-on indifféremment tel que *et* quelque? Non, *tel que* marque la comparaison et veut l'indicatif. Exemple : Je veux cette maison *telle qu'elle est. Quelque* indique le doute et veut le subjonctif. Exemple : Je veux cette maison *quelle qu'elle soit.*

L'adjectif aucun *prend-il la marque du pluriel? Aucun* signifiant *pas un* ne prend pas ordinairement la marque du pluriel. Exemple : Vous n'avez *aucun moyen* de réussir dans cette affaire.

Cependant *aucun* prend la marque du pluriel avant un substantif qui n'a point de singulier. Exemples : Ce serviteur ne reçoit *aucuns gages, aucunes funérailles* ne furent plus tristes.

Dans quel cas même est-il déclinable et quand reste-t-il invariable ? Même est déclinable quand il est adjectif, c'est-à-dire lorsqu'il précède le substantif ou qu'il suit soit un pronom soit un seul substantif. Exemples : Ils combattaient avec les *mêmes armes*. Les *animaux mêmes* sont sensibles aux bienfaits qu'ils reçoivent de nous. Occupons-nous *nous-mêmes* de nos affaires.

Même est invariable quand il est adverbe, c'est-à-dire lorsqu'il modifie un verbe ou qu'il est placé après plusieurs substantifs. Exemples : Les magistrats doivent rendre la justice à tout le monde, *même* à leurs ennemis. Les animaux, les rochers *même* étaient sensibles à ma douleur.

§ IV. *Régimes des adjectifs.*

Qu'entend-on par le régime d'un adjectif? C'est le nom ou le verbe qui le suit, et dont il n'est séparé que par une des prépositions *de, à, pour, par,* etc. Dans cette phrase, *cet homme est habile à travailler, et docile aux ordres de ses supérieurs, travailler* est le régime de *habile,* et *ordres* est celui de *docile.* Parmi les adjectifs les uns ne prennent jamais de régime ; tels sont : *grand, petit, incurable, haut, pâle, effroyable.*

D'autres s'emploient indifféremment avec ou sans régime, tels sont *content, agréable, utile.* Exemples : Tout le monde est *content*; le pauvre est *content de son sort.*

Quelques-uns demandent un régime précédé de *à*, tels que *docile à, agréable à, utile à.* Ex. :

Ce jardin est *agréable à tous les enfans.* D'autres veulent un régime précédé de *de,* {tels que *digne de, indigne de, voisin de, content de, éloigné de.* Exemple : Cet enfant est *digne de récompense.*

Certains adjectifs n'ont pas de régime quand ils sont pris au sens propre et en ont un quand ils sont pris au figuré, tels sont *altéré, affamé, aveugle.* On ne dit pas *affamé de pain, altéré d'eau;* mais on dit : leurs cœurs enflammés sont *altérés de sang* et *de meurtres affamés,* chacun est *aveugle sur ses propres défauts.*

Plusieurs adjectifs peuvent-ils régir un nom? Oui, pourvu que ces adjectifs ne demandent pas un régime différent ; on dit : cet homme est *utile et cher à l'état,* parce que *utile* et *cher* demandent le même régime avec la préposition *à,* mais on ne dira pas, cet homme est *utile* et *chéri de l'état,* parce que *utile* demande un régime précédé de la préposition *à,* et *chéri* exige un régime précédé de la préposition *de.*

Quelle place doivent occuper les adjectifs dans la phrase ? Il y en a qui se mettent avant le substantif, comme *grand jardin, petit arbre;* d'autres se mettent après les noms, comme promenade *agréable,* banc *commode,* etc. (l'usage est le seul guide à cet égard).

N'y a-t-il pas des adjectifs qui en se plaçant avant ou après le substantif changent de signification? Oui, tels sont les adjectifs *grand, honnête,* etc. Un *grand homme* est un homme d'un grand mérite, et un *homme grand* est un homme d'une grande taille; un *honnête homme* est un homme probe, un *homme honnête* est un homme civil.

CHAPITRE V.

PRONOM.

§ I. *Sur les pronoms en général.*

Que doit-on observer en général dans l'emploi des pronoms ?

1° Il ne faut jamais les employer pour remplacer des substantifs pris dans un sens indéterminé, c'est-à-dire qui ne sont pas précédés d'un article ou d'un adjectif déterminatif. Ainsi on ne peut pas dire : L'homme prudent sait demander *conseil* et *le* suivre, parce que *conseil* est ici pris dans un sens indéterminé. Pour que le pronom pût remplacer le substantif *conseil*, il faudrait que ce substantif fût déterminé par un adjectif ou un article. Ainsi on dira bien : L'homme prudent sait demander *un conseil* et *le* suivre.

2° On ne doit point les répéter dans la même phrase quand ils indiquent des rapports différens, c'est-à-dire quand ils ne remplacent pas le même substantif. Ainsi on ne dira pas : *on* vint nous avertir qu'*on* avait pris la ville, parce que le premier *on* remplace la personne qui vient avertir, et le second celles qui ont pris la ville.

3° Enfin il faut éviter de les employer d'une manière équivoque. On ne pourra pas dire : Ce jeune homme, en accomplissant les volontés de son père, ne travaille que pour *lui*, parce qu'on ne voit pas clairement si le pronom *lui* remplace le jeune homme ou le père.

§ II. *Pronom personnel.*

Le pronom personnel vous, *employé pour* tu, *est-il singulier ou pluriel?* Il veut le verbe au pluriel, mais l'adjectif qui s'y rapporte reste au singulier. Exemple : *Vous* êtes *bon* et non pas *bons*.

Le pronom *nous* s'emploie aussi quelquefois pour *je*, et veut aussi le verbe au pluriel et l'adjectif au singulier. Exemple :

Va. Mais nous-*même* allons , précipitons nos pas.
RACINE.

Les pronoms personnels lui, elle, eux, elles *remplacent-ils indifféremment des substantifs de personne et des substantifs de chose?* Les pronoms de la troisième personne *lui, elle, eux, elles* remplacent indifféremment des personnes ou des choses, quand ils sont employés comme nominatifs, ou quand ils sont précédés d'une préposition autre que *de* ou *à*. On dit bien : On doit aimer la vérité au point de tout sacrifier pour *elle*. Mais ils ne peuvent remplacer que des personnes quand ils sont précédés de la préposition *de* ou *à*; pour les noms de choses, il faut remplacer ces pronoms par *en* ou *y*. Exemples : Cette porte est fraîchement peinte, *n'y* touchez pas, et non pas ne touchez pas *à elle*. Ces livres sont si richement reliés que je n'ose pas m'*en* servir, et non pas me servir d'*eux.*

Les pronoms lui, leur, y, en *s'emploient-ils in-différemment pour remplacer des personnes et des choses?* *Lui* signifiant *à lui* ou *à elle; leur* signifiant *à eux* ou *à elles,* ne se disent que des per-sonnes (remarquez que *leur,* pronom personnel, s'écrit sans *s*); *y* remplace des noms de chose et rarement des noms de personne; *en* remplace des noms de personne et des noms de chose. On dit je *lui* parle (à cette personne); je *leur* suis utile (à eux ou à elles); cette affaire est importante, j'*y* donnerai mes soins; cet homme est honnête, fiez-vous-*y*; cet enfant est laborieux, son maître *en* est content; je ne puis voir vos larmes sans *en* être touché.

Dans quel cas le pronom le *ne change-t-il ni de genre ni de nombre?* C'est lorsqu'il tient la place d'un adjectif, d'un substantif pris adjectivement ou d'un verbe.

Si l'on disait à une dame malade : Madame, êtes-vous malade? *comment faudrait-il qu'elle ré-pondît?* Je *le* suis et non pas je *la* suis, parce que *le* se rapporte à l'adjectif *malade,* et que c'est comme si elle disait : *Je suis malade.* De même à cette question : *Etes-vous mère?* il faudrait ré-pondre : je *le* suis, parce que le substantif *mère* est pris adjectivement.

Quand on dit : Ils doivent s'instruire et devenir meilleurs autant qu'ils *le* peuvent, *de quoi le pro-nom* le *tient-il la place?* Des deux verbes s'in-

struire et *devenir meilleurs* ; en effet, *autant qu'ils le peuvent* veut dire *autant qu'ils peuvent s'instruire et devenir meilleurs.*

Dans quel cas le pronom le *est-il variable ?* C'est lorsqu'il tient la place d'un substantif ou d'un adjectif pris substantivement ; il en prend le genre et le nombre. Si l'on disait à une dame : *Etes-vous la mère de cet enfant ?* elle devrait répondre : *je la suis.* A cette question : *Etes-vous la malade dont on m'a parlé ?* il faudrait répondre je *la* suis. De même, si l'on demandait à des ministres : *Etes-vous les ministres du roi?* ils devraient répondre : nous *les* sommes.

Peut-on dire : corrigez tout ce qui doit l'être? Non, quand le pronom *le*, suivi du verbe *être*, tient lieu d'un verbe, ce verbe ne peut être qu'un participe. Dans cette phrase *le* ne peut donc représenter le verbe *corrigez*; mais on peut dire : il est aimé et il mérite de *l'*être, c'est-à-dire d'être aimé.

Comment emploie-t-on le pronom soi? 1° Quand il remplace des personnes, il ne s'emploie qu'après un nominatif vague et indéterminé. Exemple : Chacun ne pense qu'à *soi* ; on ne dira donc pas *il* ne pense qu'à *soi*, mais *il* ne pense qu'à *lui.* 2° Quand il remplace des choses, il ne s'emploie qu'après un nominatif singulier. Exemples : *Cette chose* est bonne en *soi* ; *l'aimant* attire le fer à *soi.*

Le pronom soi *remplaçant des personnes ne s'emploie-t-il pas quelquefois après un nominatif déterminé?* Oui, c'est pour éviter une équivoque, et alors ce pronom se rapporte au nominatif du verbe. Exemple : En prenant les intérêts de son client, cet avocat ne songe qu'à *soi.* On ne pourrait pas dire ne songe qu'à *lui,* car on ne saurait si le pronom *lui* se rapporte *au client* ou à l'avocat : il y aurait équivoque.

§ III. *Pronom possessif.*

Dans quel cas les pronoms possessifs notre *et* votre *prennent-ils un accent circonflexe?* C'est lorsqu'ils sont possessifs substantifs. On écrit le *nôtre,* le *vôtre;* ils ne prennent point d'accent quand ils sont possessifs adjectifs : on écrit *notre* père, *votre* ami.

Les pronoms son, sa, ses, leur, leurs *peuvent-ils remplacer des noms de choses?* Non, il faut pour cela que ces pronoms et le substantif qu'ils remplacent se trouvent dans la même phrase. Exemple : *Cette plante a ses* propriétés; mais on ne dirait pas *cette plante* est belle et je connais toutes *ses* propriétés, parce que le pronom *son* et le substantif *plante* auquel il se rapporte ne se trouvent pas dans la même phrase. Dans ce cas on substitue l'article au pronom possessif, et l'on fait précéder le verbe du pronom *en.* Ainsi on dira : J'*en* connais toutes *les* propriétés.

Quoique le nom de chose *ne soit pas dans la même phrase, ne peut-on pas se servir quelquefois des pronoms* son, sa, ses, etc.? On le peut lorsque ce pronom est régi par une préposition.

Exemple : Voyez cette plante, je vais vous parler de *ses* propriétés.

Les pronoms mon, ton, son *ne s'emploient-ils pas quelquefois au féminin?* Oui, c'est lorsqu'ils sont avant une voyelle ou une *h* muette. On dit *mon épée*, et non pas *ma épée*; *ton âme*, et non pas *ta âme*; *son humeur*, et non pas *sa humeur*.

Dans quel cas doit-on répéter les pronoms possessifs adjectifs, et quand peut-on s'en dispenser? On doit les répéter, 1° avant chaque substantif, quand le premier est précédé de l'adjectif possessif. Ainsi on dira : Il faut régler *ses* goûts, *ses* travaux, *ses* plaisirs, et non ses goûts, travaux et plaisirs. Par la même raison on doit dire : *Mon* père et *ma* mère, *son* père et *sa* mère, et non *mes* père et mère, *ses* père et mère.

2° On les répète encore avant les adjectifs qui ne se rapportent pas au même substantif. Ainsi on dira : Il m'a fait voir *ses grands* et *ses petits* appartemens, et non *ses grands et petits* appartemens, parce que les appartemens ne peuvent être à-la-fois grands et petits.

Mais on ne doit pas répéter le pronom possessif, si les adjectifs se rapportent au même substantif. On doit dire : Il nous a fait voir *ses grands et beaux appartemens*, parce que les appartemens peuvent être en même temps beaux et grands.

Le pronom possessif n'est-il pas quelquefois remplacé par l'article? Oui, c'est lorsque le sens de la phrase indique suffisamment à qui appartient la chose dont on parle; dans ce cas le verbe est précédé d'un pronom régime. Ainsi au lieu de dire : Il s'est cassé *son* bras, on lui a coupé *sa* jambe, dites : il s'est cassé *le* bras, on lui a coupé *la* jambe.

§ IV. *Pronom démonstratif.*

Emploie-t-on indifféremment les pronoms celui-ci *et* celui-là, ceci, cela ? *Celui-ci, celle-ci, ceci,* désignent les objets les plus proches ou dont on a parlé en dernier lieu ; *celui-là, celle-là, cela* désignent les objets les plus éloignés ou dont on a parlé en premier lieu. Exemple : Le corps périt, l'âme est immortelle ; cependant tous les soins sont pour *celui-là,* tandis qu'on néglige *celle-ci.*

Doit-on dire : Ce qui m'inquiète le plus *est* la maladie de mon père, ou bien...... *c'est* la maladie, etc.? Il faut dire : *c'est la maladie,* etc., parce qu'il est mieux de répéter le pronom *ce* avant le verbe *être* dans le second membre de la phrase, quand le premier membre commence lui-même par *ce.*

De même lorsque le verbe *être* est précédé de son attribut, et que cet attribut est d'une certaine étendue, on se sert mieux du pronom *ce* avant ce verbe. Exemple : La meilleure et la plus noble manière de se venger de celui qui nous a offensés, *c'est* de lui faire du bien.

On doit encore exprimer le pronom *ce* avant le verbe être, quand ce verbe a pour sujet plusieurs infinitifs ou un seul infinitif accompagné de modifications d'une certaine étendue. Exemples : Penser beaucoup et parler peu, *c'est* le propre du sage. Donner une bonne éducation à ses enfans, *c'est* le devoir d'un père.

Le pronom démonstratif ce *ne se met-il pas quelquefois à la place des pronoms personnels* il, elle, ils, elles? Oui, comme dans ces phrases : Il pleure son fils, c'était toute sa consolation, c'est-à-dire *il* était toute sa consolation; méditez Socrate et Platon, *ce* sont de grands philosophes, c'est-à-dire *ils* sont de grands philosophes.

§ V. *Pronom relatif.*

Le pronom relatif qui, *de quelle personne est-il?* Il est toujours de la même personne que son *antécédent.* Ainsi on dira : *Moi qui suis,* et non pas *moi qui est.*

Le pronom relatif qui, *précédé d'une préposition, est-il quelquefois employé à exprimer des choses?* Non, il n'exprime que des personnes; c'est pour cela qu'on dit *l'homme à qui je parle,* et que l'on ne dit pas *la science à qui je m'applique,* il faut dire *à laquelle je m'applique.*

Cependant ce pronom, précédé d'une préposition, peut remplacer un nom de chose quand la chose est personnifiée. Exemple :

> Le vent redouble ses efforts,
> Et fait si bien qu'il déracine
> Celui *de qui* la tête au ciel était voisine,
> Et dont les pieds touchaient à l'empire des morts.
>
> LAFONTAINE.

Emploie-t-on indifféremment dont *et* d'où ?

on : *dont* indique simplement une idée de rela-
on, il équivaut à *duquel, de laquelle* ou *des-
uels, desquelles*, et s'emploie indifféremment
our les personnes ou pour les choses, exemples,
enri IV est un roi *dont* le nom est cher aux
rançais (*duquel* le nom, etc.); le mensonge
st un vice *dont* il faut avoir honte (*duquel* il
ut, etc.); d'*où* ajoute à l'idée de relation celle
'extraction ou de sortie, exemple : L'Arabie est
n pays d'*où* l'on tire beaucoup d'aromates.

Cependant quand le verbe exprime l'idée d'être
é ou issu, il faut employer *dont* et non pas d'*où*.
xemple :

> Misérable! et je vis et je soutiens la vue
> De ce sacré soleil *dont* je suis descendue !

RACINE.

*L'antécédent précède-t-il toujours immédiate-
ment le pronom relatif?* Non, il en est quelquefois
éparé, comme dans ces phrases : les *provinces
e France qui* ont appartenu aux Anglais sont :
e Poitou, la Guyenne, etc.; *celui-là* est riche,
ui ne desire rien. Mais en général il faut le plus
ossible rapprocher le pronom relatif de son an-
écédent pour éviter toute équivoque. Ainsi au
ieu de dire « *la cinquième* époque est celle de la
ondation du temple de Jérusalem, *qui* ne finit
u'à la première année de l'empire de Cyrus »
ites : *la cinquième époque qui* ne finit qu'à la
remière année de l'empire de Cyrus est celle de
a fondation, etc,

§ VI. *Pronom interrogatif.*

Les pronoms interrogatifs qui, que, quoi, etc., *peuvent-ils remplacer également des noms de personne et des noms de chose?* Qui ne peut remplacer que des personnes. On dira : *Qui demandez-vous* (quelle personne, etc.), mais non *qui sont ces animaux?* Il faudrait dire, *quels sont ces animaux. Que* et *quoi* ne peuvent remplacer que des choses. Exemples : *Que* demandez-vous (quelle chose)? *A quoi* songez-vous (à quelle chose)?

§ VII. *Pronom indéfini.*

De quel genre et de quel nombre est le pronom on? Il est ordinairement du masculin et au singulier. Exemple : On est *heureux* quand on fait une bonne action. Cependant il est féminin quand le sens de la phrase fait voir que ce pronom remplace un substantif féminin, et il est pluriel quand il indique qu'on parle de plusieurs personnes. Dans ce dernier cas, le verbe se met au singulier, et les adjectifs qui s'y rapportent se mettent au pluriel. Ainsi on dira au féminin : *On* est *indulgente* quand *on* est *mère*, et au pluriel, *on* est *heureux* dans son ménage quand *on* est bien *unis.*

Emploie-t-on indifféremment on *et l'on?* C'est en général l'oreille et le goût qui doivent en dicter l'emploi; cependant on peut donner les deux règles suivantes :

1° Il vaut mieux se servir de *on* au commencement d'une phrase et avant les mots *le, la, les, lui*, *leur*. On ne dira pas : *L'on* aime mieux dire du mal de soi que de n'en pas parler, ni, lisez cette lettre, *l'on* l'écoutera attentivement ; mais, *on* aime mieux dire, etc., *on* l'écoutera.

2° Il vaut mieux se servir de *l'on* après les mots *et*, *si*, *ou* : *Si l'on* vous interroge, etc., *et l'on* revient *où l'on* est bien, au lieu de *si on* vous interroge, *et on* revient *où on* est bien, afin d'éviter des consonnances désagréables.

Néanmoins, même après les mots *et*, *si*, *ou*, il faut employer *on* quand ce pronom doit être suivi de l'un des mots *le*, *la*, *les*, *lui*, *leur*. Ainsi il faut dire : Il parle *et on* l'entend, il vient *si on* l'appelle ; et non *et l'on* l'entend, *si l'on* l'appelle.

Le mot personne, *employé comme* pronom, *de quel genre est-il ?* Il est du masculin : on dit, *je ne connais personne plus heureux que lui*, et non pas plus *heureuse*.

Il en est de même de l'expression *quelque chose*, qui veut au masculin l'adjectif ou le pronom qui s'y rapporte. Exemples : J'ai lu dans cet ouvrage *quelque chose qui m'a paru assez bon ; j'ai quelque chose* de *nouveau* à vous offrir.

Doit-on toujours faire usage de la négation avec les mots personne *et* rien *employés comme pronoms ? Rien* signifiant *nulle chose*, et *personne* signifiant *nulle personne*, s'emploient avec la négation. On dit : *personne n'est* venu, *rien ne* m'a plu, je *n'attends personne*, je *ne* demande *rien*.

Si au contraire *personne* signifie *quelqu'un*, et *rien*, *quelque chose*, ils ne prennent point la négation. Ainsi on dit : *personne a-t-il narré plus naïvement que La Fontaine? (quelqu'un a-t-il, etc.)* a-t-on *rien* vu de plus majestueux que les monumens égyptiens? (a-t-on vu *quelque chose*, etc.) Il en est de même de *aucun* employé pour *quelques-uns*. Exemple : Plusieurs avaient la tête trop menue, *aucuns* trop grosse, *aucuns* même cornue. La Font. (c'est-à-dire quelques-uns). Dans ce cas *aucun* prend la marque du pluriel.

Quelle différence y a-t-il entre l'un l'autre, les uns les autres, *et* l'un et l'autre, les uns et les autres?

L'un l'autre, les uns les autres expriment la pluralité jointe à l'idée de réciprocité. On dit : Deux frères doivent s'aimer *l'un l'autre* (réciproquement); les hommes doivent se secourir *les uns les autres.*

L'un et l'autre, les uns et les autres indiquent simplement la pluralité. Exemple : Thémistocle et Miltiade ont rendu de grands services à leur patrie; *l'un et l'autre* en ont été bannis.

Quelle différence y a-t-il entre chaque *et* chacun? *Chaque* ne s'employant que comme adjectif déterminatif, est toujours suivi d'un substantif; *chacun* au contraire est toujours pronom et s'emploie seul. Ainsi on ne dira pas : Ces vases me coûtent vingt francs *chaque*, mais vingt francs *chacun.*

Dans quel cas le pronom chacun *veut-il après lui* son, sa, ses, *et dans quel cas veut-il* leur, leurs? Il veut *son, sa, ses* quand il est placé après un verbe neutre, ou après l'accusatif d'un verbe actif. Exemples : Ces juges ont opiné *chacun* selon *sa* conscience; remettez ces objets *chacun* à *sa* place.

Il veut *leur, leurs* lorsqu'il est placé entre le verbe et l'accusatif de ce verbe. Exemples : Ils ont apporté *chacun leurs* offrandes, ces juges ont prononcé, *chacun* selon *leur* conscience, le jugement qui vous condamne. Remettez *chacun* à *leur* place les objets que vous avez pris.

CHAPITRE VI.
VERBE PERSONNEL.

§ I. *Orthographe des verbes personnels.*

Première personne du singulier.

Comment se termine la première personne du singulier des verbes? Elle se termine par *e* muet, par *x*, par *s* et par *ai*.

Elle se termine par E muet 1° au présent de l'indicatif des verbes de la première conjugaison et de quelques irréguliers de la deuxième. Exemples : J'aime, j'ouvre, je couvre, je cueille, je souffre, je tressaille, etc.

2° Au présent du subjonctif de tous les verbes. Exemples : Que j'aime, que je finisse, que je reçoive, que je rende (excepté le verbe *être*, que je sois).

3° A l'imparfait du subjonctif de tous les verbes. Exemples : Que j'aimasse, que je finisse, que je reçusse, que je rendisse.

Lorsque la première personne qui se termine en *e* est suivie du pronom *je*, l'*e* prend un accent aigu et l'on met un trait d'union entre le verbe et le pronom. Exemples : Aimé-je, offré-je, souffré-je, au présent de l'indicatif; puissé-je, au présent du subjonctif; eussé-je, fussé-je, dussé-je, à l'imparfait du subjonctif.

Elle se termine par X au présent de l'indicatif des verbes *vouloir, pouvoir* et *valoir*. Je veu*x*, je peu*x*, je vau*x*.

Elle se termine par S 1° au présent de l'indicatif des verbes de la deuxième, de la troisième et de la quatrième conjugaison. Exemples : Je fini*s*, je reçoi*s*, je rend*s*.

2° A l'imparfait de l'indicatif de tous les verbes. Exemples : J'aimai*s*, je finissai*s*, je recevai*s*, je rendai*s*.

3° Au passé défini des verbes de la deuxième, de la troisième et de la quatrième conjugaison. Exemples : Je fini*s*, je reçu*s*, je rendi*s*.

4° Au présent du subjonctif du verbe *être*, que je soi*s*.

5° Au présent du conditionnel de tous les verbes. Exemples : J'aimerai*s*, je finirai*s*, je recevrai*s*, je rendrai*s*.

Elle se termine par AI 1° au présent de l'indicatif du verbe *avoir*. Ex. : j'*ai*.

2° Au passé défini des verbes de la première conjugaison. Exemple : j'aim*ai*.

3° Au futur de tous les verbes. Exemples : j'aim*erai*, je finir*ai*, je recevr*ai*, je rendr*ai*.

Deuxième personne du singulier.

Comment se termine la deuxième personne du singulier des verbes? Elle se termine ordinairement par S. Exemples : Tu aime*s*, tu finissai*s*, que tu reçusse*s*, tu rendrai*s*, etc., excepté quand elle est terminée en *x*, en *c*, en *a*.

Elle se termine par X au présent de l'indicatif des verbes *vouloir*, *pouvoir* et *valoir* : Tu veu*x*, tu peu*x*, tu vau*x*.

Elle se termine en E muet au présent de l'impératif du verbe *avoir* et des verbes de la première conjugaison et de quelques irréguliers de la deuxième. Exemples : Ai*e*, aim*e*, goût*e*, offr*e*, cueill*e*, souffl*e*, tressaill*e*. Cependant ces impératifs prennent une *s*, lorsqu'ils sont suivis du pronom *y* ou *en*. Exemples : Aie*s*-en soin, goûte*s*-y, offre*s*-en, etc.

L'impératif du verbe *aller*, *va*, se termine en A; mais il prend une *s* quand il est suivi du pronom *y* ou *en*. Exemples : Va*s*-y, va*s*-en porter. Cependant on écrit va-y voir.

Troisième personne du singulier.

Comment se termine la troisième personne du singulier des verbes? Elle finit ordinairement par T. Ex. : il fini*t*, il aimai*t*, qu'il reçû*t*, il rendrai*t*, excepté quand elle est terminée en *e*, en *a*, en *c*, en *d*.

Elle se termine par E muet 1° au présent de l'indicatif des verbes de la première conjugaison et de quelques irréguliers de la deuxième. Ex. :

il aime, il offre, il couvre, il souffre, il tressaille, etc.

2° Au présent de l'impératif et du subjonctif
de tous les verbes. Ex. : qu'il aime, qu'il finisse,
qu'il reçoive, qu'il rende, excepté les verbes être
et verbe avoir : qu'il soit, qu'il ait.

Elle se termine par A 1° au présent de l'indicatif
du verbe avoir et du verbe aller. Ex. : il a, il va.

2° Au passé défini des verbes de la première
conjugaison. Ex. : il aima.

3° Au futur de tous les verbes. Ex. : il aimera,
il finira, il recevra, il rendra.

Lorsque la troisième personne du singulier
des verbes est terminée en e ou en a et qu'elle est
suivie des pronoms il, elle, on, il faut y ajouter
un t entre deux traits d'union, pour empêcher la
rencontre des deux voyelles. Exemples : Aime-t-
il, ira-t-elle, chantera-t-on.

Elle se termine par C au présent de l'indicatif
des verbes vaincre et convaincre : il vainc, il
convainc.

Elle se termine par D 1° au présent de l'indicatif
des verbes seoir et s'asseoir : il sied, il s'assied.

2° Au présent de l'indicatif des verbes dont
les infinitifs se terminent en dre, comme attendre, fondre, mordre, moudre, coudre. Ex. : il
attend, il fond, il mord, il moud, il coud ; mais
les verbes composés de soudre, comme absoudre,
dissoudre, résoudre, et ceux qui se terminent en
aindre, eindre, oindre, comme craindre, pein-
dre, joindre, suivent la règle générale, ont un t,

et l'on écrit : il absout, il dissout, il résout, il craint, il peint, il joint.

Première personne du pluriel.

Comment se termine la première personne du pluriel des verbes? Elle finit ordinairement par ONS. Ex. : nous aimons, nous finissions, que nous reçussions, nous rendrions.

Elle se termine en MES 1° Au présent de l'indicatif du verbe *être* : nous sommes.

2° Au passé défini de tous les verbes. Ex. : nous eûmes, nous fûmes, nous aimâmes, nous finîmes, nous reçûmes, nous rendîmes.

Deuxième personne du pluriel.

Comment se termine la deuxième personne du pluriel des verbes? Elle finit ordinairement par EZ. Ex. : vous aimez, vous receviez, que vous reçussiez, vous rendriez.

Elle se termine en TES 1° Au présent de l'indicatif des verbes *être dire*, *redire*, *faire* et des composés de *faire*. Ex. : vous êtes, vous dites, vous redites, vous faites, vous refaites, vous contrefaites.

2° Au passé défini de tous les verbes. Exemples : vous fûtes, vous eûtes, vous aimâtes, vous finîtes, vous reçûtes, vous rendîtes.

Troisième personne du pluriel.

Comment se termine la troisième personne du pluriel des verbes? Elle finit par NT. Ex. : ils aiment, ils finissaient, ils recevront, ils rendraient, etc.

§ II. *Inflexions primitives des verbes.*

Qu'est-ce que les inflexions primitives des verbes? Ce sont celles qui servent à former les différens temps simples des verbes. Il y en a cinq, qui sont : 1° Le *présent de l'indicatif*, 2° le *passé défini*, 3° l'*infinitif*, 4° le *participe actif*, 5° le *participe passé*.

Tableau des inflexions primitives.

Présent de l'indicatif.	Passé défini.	Infinitif présent.	Participe actif.	Participe passé.
J'aime.	J'aimai.	Aimer.	Aimant.	Aimé.
Je finis.	Je finis.	Finir.	Finissant.	Fini.
Je sens.	Je sentis.	Sentir.	Sentant.	Senti.
J'ouvre.	J'ouvris.	Ouvrir.	Ouvrant.	Ouvert.
Je tiens.	Je tins.	Tenir.	Tenant.	Tenu.
Je reçois.	Je reçus.	Recevoir.	Recevant.	Reçu.
Je rends.	Je rendis.	Rendre.	Rendant.	Rendu.
Je plais.	Je plus.	Plaire.	Plaisant.	Plu.
Je parais.	Je parus.	Paraître.	Paraissant.	Paru.
Je réduis.	Je réduisis.	Réduire.	Réduisant.	Réduit.
Je plains.	Je plaignis.	Plaindre.	Plaignant.	Plaint.

Quel temps forme-t-on du PRÉSENT DE L'INDICATIF? On en forme LA SECONDE PERSONNE DU SINGULIER DE L'IMPÉRATIF, en ôtant seulement le pronom *je*. Ex. : *J'aime, aime.*

Exceptions.

Je suis, sois.   Je vais, va.
J'ai, aie.   Je sais, sache.

Quel temps forme-t-on du PASSÉ DÉFINI? On en forme L'IMPARFAIT DU SUBJONCTIF en changeant *ai* en *asse* pour la première conjugaison, et en ajoutant seulement *se* pour les trois autres. Exemples : J'aim*ai*, que j'aim*asse* ; je finis, que je finis*se* ; je reçus, que je reçus*se*, je rendis, que je rendis*se*.

Quel temps forme-t-on de L'INFINITIF PRÉSENT ? On en forme LE FUTUR en changeant *r*, *oir* ou *re* en *rai*, et LE CONDITIONNEL PRÉSENT en changeant *r*, *oir* ou *re* en *rais*. Ex. : Aimer, j'aim*erai*, j'aim*erais* ; agréer, j'agréc*rai*, j'agréc*rais* ; louer, je loue*rai*, je loue*rais* ; finir, je fi*nirai*, je fi*nirais* ; recevoir, je rece*vrai*, je rece*vrais* ; rendre, je rend*rai*, je rend*rais*.

Exceptions.

Première Conjugaison.	Pouvoir, je pourrai.
Aller, j'irai.	Savoir, je saurai.
Envoyer, j'enverrai.	S'asseoir, je m'asseyerai *ou*
Deuxième Conjugaison.	je m'assiérai.
Tenir, je tiendrai.	Voir. je verrai.
Venir, je viendrai.	Vouloir, je voudrai.
Courir, je courrai.	Valoir, je vaudrai.
Cueillir, je cueillerai.	Pourvoir. je pourvoirai.
Mourir, je mourrai.	Falloir, il faudra.
Acquérir, j'acquerrai.	*Quatrième Conjugaison.*
Saillir, il saillera.	Faire, je ferai.
Troisième Conjugaison.	Etre, je serai.
Avoir, j'aurai.	Bruire n'a pas de futur.
Echoir, j'écherrai.	

Le conditionnel présent est invariablement formé du futur.

Quel temps forme-t-on du PARTICIPE PRÉSENT ? On en forme 1° LES TROIS PERSONNES PLU-

RIELLES DU PRÉSENT DE L'INDICATIF en changeant
ant en *ons*, *ez*, *ent*. Ex. : Aimant, nous aimons,
vous aimez, ils aiment ; finissant, nous finissons,
vous finissez, ils finissent.

Exceptions.

Étant, nous sommes.	Pouvant, ils peuvent.
vous êtes.	Voulant, ils veulent.
ils sont.	Sachant, nous savons.
Ayant, nous avons.	vous savez.
vous avez.	ils savent.
ils ont.	Prenant, ils prennent.
Tenant, ils tiennent.	Buvant, ils boivent.
Venant, ils viennent.	Disant, vous dites.
Acquérant, ils acquièrent.	Faisant, vous faites.
Mourant, ils meurent.	ils font.
Mouvant, ils meuvent.	

(De la première et de la seconde personne du
présent de l'indicatif se forment les personnes
correspondantes de l'impératif en ôtant seulement les pronoms *nous* et *vous*. Ex. : nous venons,
vous venez, venons, venez. Excepté nous sommes, vous êtes, soyons, soyez; nous avons,
vous avez, ayons, ayez.

2.° L'IMPARFAIT DE L'INDICATIF en changeant *ant*
en *ais*, *ais*, *ait*, *ions*, *iez*, *aient*. Ex. : aim*ant*,
j'aim*ais*, tu aim*ais*, etc.; pay*ant*, je pay*ais*, tu
pay*ais*, il pay*ait*, nous pay*ions*, vous pay*iez*, ils
pay*aient* ; pri*ant*, je pri*ais*, tu pri*ais*, il pri*ait*,
nous pri*ions*, vous pri*iez*, ils pri*aient*.

Exceptions.

Ayant, j'avais.	Sachant, je savais.
tu avais, etc.	tu savais, etc.

3° LE PRÉSENT DU SUBJONCTIF en changeant *ant* en *e, es, e, ions, iez, ent*. Ex. : aim*ant*, que j'aime, que tu aimes, qu'il aime, que nous ai-mions, que vous aimiez, qu'ils aiment ; ri*ant*, que je rie, que tu ries, qu'il rie, que nous riions, que vous riiez, qu'ils rient.

Exceptions.

Première Conjugaison.
Allant, que j'aille,
          que tu ailles ,
          qu'il aille ,
          qu'ils aillent.
Deuxième Conjugaison.
Tenant, que je tienne,
          que tu tiennes,
          qu'il tienne ,
          qu'ils tiennent.
Venant , que je vienne ,
          que tu viennes,
          qu'il vienne,
          qu'ils viennent.
Acquérant, que j'acquière ,
          que tu acquières ,
          qu'il acquière,
          qu'ils acquièrent.
Mourant, que je meure,
          que tu meures,
          qu'il meure,
          qu'ils meurent.
Troisième Conjugaison.
Recevoir et tous les verbes
   terminés en *evoir*.
          que je reçoive,
          que tu reçoives ,
          qu'il reçoive,

          qu'ils reçoivent.
Pouvant, que je puisse, etc.
          q. n. puissions, etc.
Valant, que je vaille ,
          que tu vailles,
          qu'il vaille,
          qu'ils vaillent.
Voulant, que je veuille,
          que tu veuilles,
          qu'il veuille,
          qu'ils veuillent.
Mouvant, que je meuve ,
          que tu meuves,
          qu'il meuve,
          qu'ils meuvent.
Quatrième Conjugaison.
Prenant, q. je prenne ,
          q. tu prennes ,
          qu'il prenne,
          qu'ils prennent.
Buvant, que je boive,
          que tu boives,
          qu'il boive,
          qu'ils boivent.
Faisant , que je fasse , etc.
          q. n. fassions, etc.
Etant , que je sois, etc.
          q. n. soyons, etc.

Il résulte des règles précédentes que dans les verbes dont le participe présent est terminé en *yant* ou en *iant*, la première et la deuxième personne plurielles de l'imparfait de l'indicatif et du présent du subjonctif doivent se terminer en *yions*, *yiez* ou en *iions*, *iiez*; payant, nous payions; priant, que vous priiez.

Les troisièmes personnes de l'impératif sont toujours semblables à celles du présent du subjonctif.

Quels temps forme-t-on du PARTICIPE PASSÉ ? On en forme TOUS LES TEMPS COMPOSÉS des verbes en y joignant les auxiliaires *avoir* et *être*.

§ III. *Verbes irréguliers et défectueux.*

Qu'est-ce que les verbes irréguliers? Ce sont ceux qui ne suivent pas toujours la règle générale des conjugaisons. Ex. : *Aller, cueillir, voir, faire.*

Pourquoi ces verbes sont-ils irréguliers ? Parce qu'ils ne se conjuguent pas selon la formation des temps. Ainsi *aller* qui devrait faire au futur *j'allerai*, fait *j'irai*.

Qu'est-ce que les verbes défectueux ? Ce sont ceux qui manquent de quelques-unes de leurs inflexions. Ainsi *faillir* est défectueux, parce qu'il n'a ni présent de l'indicatif ni participe présent. Lorsqu'un temps primitif manque, les temps qui en dérivent manquent également. Ainsi *clore* n'ayant pas de passé défini n'a pas d'imparfait du subjonctif. Cependant quoique *falloir* n'ait pas de participe présent, on dit à l'imparfait, il *fallait*, et au subjonctif présent *qu'il faille.*

Inflexions primitives des verbes irréguliers.

Présent de l'indicatif.	Passé défini.	Infinitif présent.	Participe actif prés.	Participe passé.
PREMIÈRE CONJUGAISON.				
Je vais.	J'allai.	Aller.	Allant.	Allé.
J'envoie.	J'envoyai.	Envoyer.	Envoyant.	Envoyé.
DEUXIÈME CONJUGAISON.				
Je bous.	Je bouillis.	Bouillir.	Bouillant.	Bouilli.
Je cours.	Je courus.	Courir.	Courant.	Couru.
Je cueille.	Je cueillis.	Cueillir.	Cueillant.	Cueilli.
Je fuis.	Je fuis.	Fuir.	Fuyant.	Fui.
Je meurs.	Je mourus.	Mourir.	Mourant.	Mort.
	Je saillis.	Faillir.		Failli.
	J'ouïs.	Ouïr.		Ouï.
J'acquiers.	J'acquis.	Acquérir.	Acquérant.	Acquis.
Il saille.		Saillir.	Saillant.	Sailli.
Je tressaille.	Je tressaillis.	Tressaillir.	Tressaillant.	Tressailli.
Je vêts.	Je vêtis.	Vêtir.	Vêtant.	Vêtu.
TROISIÈME CONJUGAISON.				
		Choir.		Chu.
Je déchois.	Je déchus.	Déchoir.		Déchu.
Il échet.	J'échus.	Echoir.	Echéant.	Echu.
Il faut.	Il fallut.	Falloir.		Fallu.
Je meus.	Je mus.	Mouvoir.	Mouvant.	Mu.
Il pleut.	Il plut.	Pleuvoir.	Pleuvant.	Plu.
Je puis.	Je pus.	Pouvoir.	Pouvant.	Pu.
Je sais.	Je sus.	Savoir.	S. chant.	Su.
Je m'assieds.	Je m'assis.	S'asseoir.	S'asseyant.	Assis.
Je surseois.	Je sursis.	Surseoir.		Sursis.
Je vaux.	Je valus.	Valoir.	Valant.	Valu.
Je vois.	Je vis.	Voir.	Voyant.	Vu.
Je pourvois.	Je pourvus.	Pourvoir.	Pourvoyant.	Pourvu.
Je veux.	Je voulus.	Vouloir.	Voulant.	Voulu.
QUATRIÈME CONJUGAISON.				
Je bats.	Je battis.	Battre.	Battant.	Battu.
Je bois.	Je bus.	Boire.	Buvant.	Bu.
Il brait.		Braire.		
		Bruire.	Bruyant.	
Je circoncis.	Je circoncis.	Circoncire.		Circoncis.
Je clos.		Clore.		Clos.
Je conclus.	Je conclus.	Conclure.	Concluant.	Conclu.
Je confis.	Je confis.	Confire.		Confit.

Présent de l'indicatif.	Pass. défini.	Infinitif présent.	Participe actif passé.	Participe passé.

Suite de la quatrième conjugaison.

Je couds	Je cousis	Coudre.	Cousant.	Cousu.
Je crois	Je crus.	Croire.	Croyant.	Cru.
Je dis	Je dis.	Dire.	Disant.	Dit.
Je maudis.	Je maudis.	Maudire.	Maudissant.	Maudit
J'écris.	J'écrivis.	Écrire.	Écrivant.	Écrit.
J'exclus.	J'exclus.	Exclure	Excluant.	Exclus.
Je fais.	Je fis	Faire	Faisant.	Fait.
Je prends.	Je pris.	Prendre.	Prenant.	Pris.
Je lis.	Je lus	Lire.	Lisant.	Lu.
Je luis		Luire.	Luisant.	Lui.
Je mets	Je mis.	Mettre.	Mettant.	Mis.
Je mouds.	Je moulus.	Moudre.	Moulant.	Moulu.
Je nais.	Je naquis.	Naître.	Naissant.	Né.
Je nuis	Je nuisis.	Nuire.	Nuisant.	Nui.
Je pais.		Paître.	Paissant.	
Je ris.	Je ris.	Rire	Riant.	Ri.
Je romps.	Je rompis	Rompre	Rompant.	Rompu.
J'absous.		Absoudre.	Absolvant.	Absous, oute.
Je résous.	Je résolus	Résoudre.	Résolvant.	Résous, olu.
Je suffis.	Je suffis	Suffire.	Suffisant.	Suffi.
Je suis	Je suivis.	Suivre	Suivant.	Suivi.
Je trais.		Traire.	Trayant.	Trait
Je vaincs.	Je vainquis	Vaincre.	Vainquant.	Vaincu.
Je vis	Je vécus.	Vivre	Vivant.	Vécu.

Nota. Les verbes *composés* suivent la conjugaison de leurs *simples* : ainsi *promettre*, *rouvrir*, *découdre*, etc., se conjuguent comme *mettre*, *ouvrir*, *coudre*.

§ IV. *Observations sur quelques verbes irréguliers.*

Qu'y a-t-il à remarquer sur les verbes terminés en yer *et en* ger *à l'infinitif?* Dans les verbes terminés en *yer* à l'infinitif, l'*y* grec se change en *i* toutes les fois que la lettre suivante est un *e* muet. Ex. : nett*oyer*, je nett*oie*; p*ayer*, je p*aie*rai; ess*uyer*, que j'ess*uie*.

Dans ceux qui sont terminés en *ger*, lorsque le *g* se trouve avant un *a* ou un *o*, on met un *e* avant ces voyelles pour conserver au *g* la prononciation du *j*. Ex. : nous mangeons, vous mangeâtes.

Qu'y a-t-il à remarquer sur les verbes terminés en eler, eter, éler, éter *à l'infinitif?* Les verbes terminés à l'infinitif en *eler*, *eter*, doublent la consonne *l* ou *t*, toutes les fois que cette lettre est suivie d'un *e* muet. Ex. : Appeler, j'appelle, j'appellerai ; jeter, que je jette, je jetterais ; cette règle ne s'applique pas aux verbes terminés en *éler*, *éter*, dans lesquels on change l'*é* fermé en *è* ouvert, au lieu de doubler la consonne *l* ou *t*. Exemples déceler, je décèle ; empiéter, que j'empiète.

Comment conjugue-t-on le verbe s'en aller ? Comme le verbe *aller* : aux temps composés, on dit : *Je m'en suis allé, je m'en étais allé.* A l'impératif, on dit : *Va-t'en*, et non *va-t-en* ; le *t* n'est point une lettre euphonique comme dans *va-t-il*, c'est le singulier du pronom *vous* ; au pluriel on dirait : *Allez-vous-en*.

Qu'y a-t-il à remarquer sur les verbes haïr, bénir, fleurir, prévaloir, prévoir ?

Le verbe *haïr* prend un tréma sur l'*i* à tous les temps, excepté aux trois personnes du singulier de l'indicatif et à la seconde personne du singulier de l'impératif. Je *hais*, tu *hais*, il *hait*, *hais*.

Le verbe *bénir* a deux participes passés, *bénit*, qui veut dire consacré par une cérémonie religieuse, et *béni* qui s'emploie dans toutes les autres acceptions du verbe *bénir*. Exemples : du pain *bénit*, de l'eau *bénite*, que Dieu soit *béni*.

Le verbe *fleurir* a deux participes présens, *fleurissant* et *florissant*, le second s'emploie au figuré, quand on veut parler de la prospérité d'un empire, des sciences, etc. Dans ce cas, il fait aussi à l'imparfait *florissait*. Exemples : Les arbres *fleurissaient*, les arts *florissaient*.

Prévaloir, fait au subjonctif, *que je prévale*, quoiqu'il vienne de *valoir*, dont le subjonctif est *que je vaille*. *Prévoir*, au futur, fait *je prévoirai*.

§ V. *Accord du verbe avec son sujet.*

Comment le verbe personnel doit-il s'accorder avec son sujet? En nombre et en personne : c'est-à-dire qu'il doit être du même nombre et de la même personne que son nominatif. Dans cette phrase *je parlerai*, *parlerai* est du nombre singulier, et de la première personne, parce que *je*, son nominatif, est du singulier et de la première personne.

Pourquoi cette phrase : c'est moi qui a fait cela *serait-elle contre la syntaxe ?* C'est parce qu'il n'y aurait pas d'accord de personne entre le verbe *a fait* et le nominatif *qui*, celui-ci est à la première personne ayant pour antécédent *moi*, et le verbe à la troisième.

Quand un verbe a deux nominatifs singuliers, à quel nombre doit-il être ? Au pluriel. Ex. : *le cerfeuil et la ciguë se ressemblent à la première vue.*

Quand les deux nominatifs sont de différentes

personnes, *à quelle personne doit être le verbe ?*
A la personne qui a la priorité ; la première a la
priorité sur la deuxième, la deuxième sur la troisième. Exemples : *Vous et moi nous sortirons ;*
vous et lui vous viendrez me voir. (La politesse
veut qu'on nomme d'abord la personne à qui
l'on parle, et qu'on se nomme le dernier.)

Dans quels cas met-on au singulier le verbe qui
a plusieurs sujets ? C'est :

1° Lorsque les sujets sont synonymes et qu'ils
ne sont point liés par la conjonction *et.* Exemple :
son aménité, sa douceur charme tout le monde.

2° Lorsque les sujets sont liés par la conjonction *ou* qui donne l'exclusion à l'un d'eux. Exemple : *sa perte ou son salut dépend de sa réponse.*
Cependant si les sujets étaient de différentes personnes le verbe se mettrait au pluriel et à la
personne qui a la priorité. Exemple : *Vous ou moi*
nous sortirons, vous ou votre frère vous sortirez.

3° Lorsque les sujets sont placés par gradation.
Ex. : *le Pérou, le Potose, Alzire est sa conquête.*

4° Lorsque tous les sujets sont renfermés dans
un seul mot tel que *personne, rien, tout,* ou
lorsque la conjonction adversative *mais* se trouve
avant le dernier sujet singulier. Exemples : *sujets,*
amis, parens, tout deviendra stérile. Non-seule-
ment tous ses honneurs et toutes ses richesses,
mais toute sa vertu s'évanouit.

5° Lorsque les deux sujets sont liés par les
conjonctions *ainsi que, comme, de même que,*
aussi bien que. Exemple : la gloire, *ainsi que* les

14.

richesses, ne *s'acquiert* pas en un jour. Dans ce cas le verbe s'accorde toujours avec le premier sujet, le second substantif est le sujet d'un verbe sous-entendu. C'est comme si l'on disait : *La gloire ne s'acquiert* pas en un jour, ainsi que *les richesses ne s'acquièrent* pas en un jour. Si le premier sujet était au pluriel, le verbe devrait être aussi à ce nombre. Exemple : *Les richesses*, ainsi que la gloire, *ne s'acquièrent* pas en un jour.

Quand le verbe a pour sujet l'un et *l'autre*, à *quel nombre doit-il être ?* Au pluriel. Exemple :

L'un et l'autre ont promis Atalide à ma foi. RACINE.

Cependant quelques bons auteurs ont mis le verbe au singulier. Exemple :

Etudiez la cour et connaissez la ville ;
L'une et l'autre est toujours en modèles *fertile.*
                                        BOILEAU.

Quand le verbe a pour sujet ni l'un ni l'autre *ou d'autres noms liés par la conjonction* ni *, à quel nombre se met-il ?* Il se met au pluriel si les deux sujets concourent à l'action, et au singulier si l'action ne peut être faite que par l'un des deux. Exemples : *Ni l'or ni la grandeur ne vous rendent heureux ; ni l'un ni l'autre ne sont venus me voir* (dans ces deux phrases les deux sujets concourent à l'action), *ni l'un ni l'autre n'aura le premier prix* (dans cette phrase il n'y a qu'un des deux sujets qui peut avoir le prix).

A quel nombre se met le verbe quand il a pour

sujet un nom collectif? Le verbe s'accorde avec le collectif, si ce collectif est général; dans ce cas, le verbe est toujours du singulier. Exemple : *La multitude des étoiles prouve la puissance de Dieu,* et il s'accorde avec le nom pluriel qui suit le collectif si ce dernier est partitif. Exemples : *Une multitude de peuples barbares ont envahi l'empire romain. La plupart des hommes sont inconstans.* Il arrive quelquefois que le verbe a pour sujet les collectifs partitifs *la plupart, peu, beaucoup,* employés seuls : dans ce cas il se met au pluriel, parce qu'il s'accorde avec un substantif pluriel sous-entendu. Exemples : *La plupart penseront comme nous, peu seront de cet avis ;* c'est comme si l'on disait, *la plupart des hommes penseront comme vous, peu d'hommes seront de cet avis.*

Le pronom ce devant le verbe être veut-il toujours ce verbe au singulier ? Non, il veut que ce verbe étant suivi d'un substantif pluriel ou d'un pronom pluriel de troisième personne soit aussi au pluriel : ainsi on dit, c'est *moi,* c'est *toi,* c'est *lui;* mais il faut dire, ce sont *eux,* ce sont *elles,* ce sont *les hommes* qui, etc.

Où place-t-on le nominatif du verbe ? On le place ordinairement avant le verbe; mais on le place après 1° dans certaines phrases interrogatives. Exemples : *Que fit-il ? quelles sont vos intentions ? sortirez-vous ?* 2° Après un verbe qui annonce qu'on rapporte les paroles de quelqu'un. Exemple : *le travail, dit le sage, est la source du plaisir.* 3° Après les mots *tel, ainsi.* Exemples :

tel est le sort *des hommes ; ainsi mourut* Alexandre-le-Grand. 4° Après les verbes unipersonnels. Exemples : *il est arrivé* un grand malheur; *il y aura* quelque changement. Dans ces deux phrases le pronom *il* qui précède le verbe unipersonnel n'en est que le sujet apparent, les sujets véritables sont les substantifs qui suivent le verbe. 5° Lorsque le verbe est au subjonctif sans être précédé d'une conjonction. Exemples : *puissé-je de mes yeux y voir tomber la foudre ! Vive* le roi ! Le sujet, lorsque c'est un pronom, suit encore quelquefois le verbe après les mots *aussi, peut-être, encore, toujours, en vain, du moins, au moins.* Exemples : *aussi est-il content, peut-être avez-*vous *raison,* etc.

Dans les phrases interrogatives le pronom je *se met-il toujours après le verbe?* Non ; l'usage ne permet pas d'interroger à la première personne lorsque le verbe est terminé par une *s* précédée d'une consonne, parce que la prononciation en serait rude et désagréable. Ainsi, au lieu de dire *cours-*je, *dors-*je, *mens-*je, *sens-*je, *sors-*je, *sers-*je, *dites, est-ce que* je cours? *est-ce que* je dors? ou prenez un autre tour.

Que faut-il observer par rapport à l'emploi du sujet ? Il faut avoir soin de ne l'exprimer qu'une fois pour chaque verbe personnel. Ainsi cette phrase serait vicieuse : *Alexandre, ayant vaincu Porus, il lui rendit sa couronne,* parce que le verbe *rendit* aurait deux sujets. Il faut dire : *Alexandre, ayant vaincu Porus, lui rendit sa couronne.*

§ VI. *Régime des verbes.*

Qu'est-ce que les régimes d'un verbe ? Ce sont les différens noms qui dépendent du verbe, et qui en complètent la signification.

Combien d'espèces de régimes y a-t-il ? Il y en a deux : le *régime direct* ou l'accusatif, qui dépend toujours du verbe sans l'intermédiaire d'une préposition, et le *régime indirect*, qui en dépend par le moyen d'une préposition.

Dans cette phrase : Dieu donna sa loi à Moïse, *quels sont les régimes du verbe* donna? *sa loi* est le régime direct, et *à Moïse* est le régime indirect.

Combien de régimes peuvent avoir les verbes actifs ? Ils peuvent toujours avoir un *régime direct* et la plupart un *régime indirect*. Exemples : *Noé planta la vigne.* Louis XIV *accorda sa protection aux savans.*

Quel régime demandent les verbes passifs ? Les verbes passifs demandent un régime indirect, qui est toujours précédé de *de* ou de *par*. Il est précédé de *de* quand le verbe exprime un sentiment de l'âme, une passion. Exemple : l'honnête homme *est estimé* de *tout le monde*. Le régime indirect est précédé de *par* quand le verbe exprime une action à laquelle l'esprit ou le corps a seul part. Exemple : l'imprimerie *fut inventée* par *Guttemberg* de Mayence.

Par s'emploie aussi après un verbe qui exprime un sentiment de l'âme, pour éviter la répétition de la préposition *de*. Exemple : votre *discrétion a été approuvée* D'UNE COMMUNE VOIX PAR *tous ceux qui étaient présens.*

Quel régime ont les verbes neutres ? Il y en a qui n'ont aucun régime comme *languir, dormir;* les autres ne peuvent avoir qu'un régime indirect, comme *parler à quelqu'un, sortir de la ville.*

Quel régime ont toujours les verbes réfléchis? Les verbes réfléchis ont pour régime les pronoms *me, te, se, nous, vous,* qui sont toujours à l'accusatif avec les verbes essentiellement réfléchis; au datif, avec les verbes neutres, et tantôt à l'accusatif, tantôt au datif avec les verbes réfléchis actifs. Exemples : On *se repent* toujours d'avoir trop parlé (*se* est à l'accusatif). Le sage *se prête* au monde et *se livre* à la solitude (*se* est à l'accusatif). Ils ne *se sont* pas *parlé* (*se* est au datif).

Quel régime peuvent avoir les verbes unipersonnels? Certains verbes unipersonnels admettent après eux le régime indirect. Exemple : *il importe aux jeunes gens* d'être dociles aux leçons qu'on leur donne.

Que faut-il observer par rapport à l'emploi des régimes des verbes ? Il faut avoir soin de ne donner à un verbe que le régime qui lui convient; ainsi par exemple : *nuire* ne pouvant avoir qu'un régime indirect, il ne faudrait pas dire : *ils se sont nui l'un l'autre,* mais *ils se sont nui l'un à l'autre.*

Plusieurs verbes peuvent-ils avoir un seul nom pour régime ? Oui, pourvu que ces verbes soient de la même nature, et qu'ils demandent le même régime ; on dira : Scipion *assiégea et prit Carthage*, parce que les deux verbes *assiéger* et *prendre* régissent l'accusatif ; mais on ne dira pas : Scipion *assiégea et s'empara de Carthage*, parce que le verbe *assiéger* ne peut régir le régime indirect *de Carthage* ; il faut dire : Scipion *assiégea Carthage et s'en empara*.

Un seul verbe peut-il avoir deux régimes de la même espèce ? Non : un verbe ne peut avoir dans la même proposition qu'un régime direct ; ainsi cette phrase n'est pas correcte : *Ne vous informez pas ce que je deviendrai*, parce que le verbe *informer* a pour régimes directs les pronoms *vous* et *ce*, il faudrait dire : *Ne vous informez pas de ce que je deviendrai*.

Un verbe ne peut avoir deux régimes indirects pour exprimer le même rapport. On peut bien dire : *je parlerai de votre affaire à mon avocat*, parce que les deux régimes indirects indiquent des rapports différens ; mais on ne doit pas dire : *c'est à vous à qui je parle*, *c'est de vous dont je parle*, parce que dans chacune de ces phrases le verbe *parler* a deux régimes indirects exprimant le même rapport : *à vous*, *à qui*, *de vous*, *dont* ; il faut dire : *c'est à vous que je parle*, *c'est de vous que je parle*. Ne dites point non plus : *c'est ici où je demeure*, *c'est là où je vais* ; mais *c'est ici que je demeure*, *c'est là que je vais*.

Où place-t-on les régimes des verbes ? Si les régimes sont des substantifs on les place ordinairement après le verbe. Exemples : *Il honore ses parens*. Si les régimes sont des pronoms, on les place ordinairement avant le verbe. Exemple : *Il aime ses parens, et il les honore*. Cependant si le verbe était à l'impératif le pronom régime se placerait après. Exemples : *Respecte-toi, donnez-le-moi, menez-y-moi*.

Le régime indirect doit être placé de manière à ne point donner lieu à une équivoque. Ainsi cette phrase est vicieuse : *Vous ne pourrez jamais ramener ces cœurs endurcis par la douceur*, parce qu'on ne sait pas à quel verbe se rapporte le régime indirect *par la douceur* ; il faut dire : *Vous ne pourrez jamais ramener par la douceur ces cœurs endurcis*.

Dans quel ordre place-t-on les différens régimes d'un verbe ? Le régime direct précède naturellement le régime indirect ; mais s'il contient bien plus de mots que l'indirect, il le suit. On dit : *Portez cette lettre à la poste* ; mais on ne dit pas : *portez la lettre qui est sur mon bureau à la poste*, il faut dire : *portez à la poste la lettre qui est sur mon bureau*.

Que faut-il observer quand plusieurs régimes sont liés ensemble par l'une des conjonctions et, ni, ou ? Il faut que ces régimes soient tous de la même nature ; ainsi un verbe ne peut pas avoir pour régimes dans la même phrase un substantif et un verbe, un substantif et une phrase. On ne dira pas : *Il aime la promenade et à aller au spectacle* ; ni *je crois cet avis utile, et que* vous le suivrez ; mais il faudra dire : *Il aime la promenade et le spectacle, je crois que cet avis est utile et que vous le suivrez.*

§ VII. *Emploi des auxiliaires* être *et* avoir.

Qu'y a-t-il à remarquer sur l'emploi des auxiliaires être *et* avoir ? On doit remarquer que l'auxiliaire *être* s'emploie toutes les fois qu'on veut exprimer l'état du sujet ou sa manière d'être, et que l'auxiliaire *avoir* s'emploie toutes les fois qu'on veut exprimer l'action faite par le sujet. Ainsi on dira : *la procession est passée,* pour indiquer l'état dans lequel se trouve la procession; *et la procession a passé sous mes fenêtres,* pour indiquer l'action qu'elle a faite. D'où il suit que quelques verbes changent de signification lorsqu'ils sont conjugués avec l'auxiliaire *être* ou avec l'auxiliaire *avoir.*

Donnez des exemples de verbes qui changent de signification en changeant d'auxiliaire.

Demeurer conjugué avec l'auxiliaire être, signifie *rester ;* conjugué avec l'auxiliaire avoir, il signifie *faire sa résidence.* Exemples : *Mille hommes sont demeurés* (restés) *sur le champ de bataille. Nous avons demeuré* (fait notre résidence) *deux ans à Lyon.*

Convenir conjugué avec *avoir* signifie *être convenable,* et conjugué avec *être* signifie *demeurer d'accord.* Exemples : *cette maison m'a convenu* (m'a paru convenable). *Je suis convenu du prix* (je suis tombé d'accord sur le prix).

15

Quelle différence y a-t-il entre ces deux phra-
ses, ce mot m'a échappé et ce mot m'est échappé ?
Ce mot m'a échappé signifie *j'ai oublié ce mot.*
Ce mot m'est échappé signifie *j'ai prononcé ce*
mot sans le vouloir.

§ VIII. *Emploi des temps de l'Indicatif.*

Le présent de l'indicatif n'exprime-t-il pas
quelquefois l'avenir ? Oui, le présent de l'indicatif
s'emploie quelquefois pour exprimer un futur
prochain ; dans ce cas il est toujours accompagné
d'un adverbe qui marque l'avenir, ou précédé de
la conjonction *si.* Exemples : *Je vous suis tout-à-*
l'heure ; mon père part bientôt pour la campagne ;
si vous sortez, vous viendrez me voir. C'est comme
si l'on disait : *Je vous suivrai tout-à-l'heure ; mon*
père partira bientôt pour la campagne ; lorsque
vous sortirez vous viendrez me voir.

Le présent de l'indicatif ne se met-il pas quel-
quefois à la place du passé défini ? Oui, c'est toutes les fois qu'on veut donner plus de vivacité,
plus d'énergie à ce qu'on raconte et représenter
l'action comme se passant dans le moment où
l'on parle. Exemple :

Hippolyte lui seul, digne fils d'un héros,
Arrête ses coursiers, *saisit* ses javelots,
Pousse au monstre, et d'un dard lancé d'une main sûre,
Il lui *fait* dans le flanc une large blessure.

Dans ces sortes de phrases il faut que tous les
verbes soient au même temps ; ce serait une

faute de dire : Hippolyte *arrête* ses coursiers, *saisit* ses javelots, *poussa* au monstre, etc.

Peut-on dire : J'ai appris que vous étiez à Paris, *si la personne à qui l'on parle y est encore ?* Non, l'imparfait ne peut s'employer pour une action qui a lieu à l'instant où l'on parle. Il faut dire : *j'ai appris que vous êtes à Paris.*

Le passé indéfini ne s'emploie-t-il pas quelquefois à la place du futur passé ? Oui, c'est lorsqu'il est suivi d'un adverbe ou d'une expression adverbiale qui marque l'avenir. Exemple : AVEZ-vous *bientôt* ÉCRIT? oui, J'AI ÉCRIT *dans un moment;* c'est comme si l'on disait : *aurez-vous* bientôt *écrit?* oui, *j'aurai écrit* dans un moment.

Le futur n'a-t-il pas quelquefois la signification de l'impératif? Oui, c'est toutes les fois qu'il exprime un commandement ou une défense. Exemples : *Vous honorerez votre père et votre mère,* c'est-à-dire *honorez votre père et votre mère.*

L'impératif, à son tour, a la signification du futur, puisqu'il exprime une action qui est postérieure au moment de la parole.

§ IX. *Emploi du Subjonctif.*

Dans quel cas faut-il employer le mode subjonctif? On emploie le subjonctif 1° après un verbe qui exprime le commandement, le doute, le désir, la crainte, etc. Exemples :

Je veux
Je doute   *qu'il parte.*
Je desire

2° Après un verbe unipersonnel ou employé unipersonnellement. Exemples :

Il faut
Il convient   *qu'il parte.*
Il importe

3° Après un verbe qui exprime l'interrogation ou qui est accompagné d'une négation. Exemples :

Croyez-vous
Je ne crois pas   *qu'il parte.*

4° Après un pronom relatif, précédé de *le seul*, de *peu de*, ou d'un *superlatif relatif*. Exemples :

Il est LE SEUL *qui part* ;
Il y a PEU D'hommes *qui sachent* écouter ;
C'est LA MEILLEURE excuse *qu'il puisse* donner.

5° Après un pronom relatif, pour exprimer une action douteuse, incertaine. Exemples : Je chérche un ami *qui me conduise*, j'habiterai une retraite *où je sois tranquille.*

6° Après *quelque... que, quel que, quoique, quoi que*, et un grand nombre d'autres conjonctions, comme *afin que, à moins que, avant que, bien que, de peur que, jusqu'à ce que, pour peu, pourvu que, soit que*, etc., etc. Exemples : *quelque* savant *qu'il soit*, il n'a pu résoudre ma question. *Quel que*

soit son talent, *il ne parviendra pas à cette place.*
Je l'excuse *quoiqu'il soit coupable.* Il ne parviendra pas à son but *quoi qu'il fasse.* Donnez une bonne éducation à vos enfans, afin *qu'ils puissent* un jour être utiles à la patrie.

Quelles sont les conjonctions qui régissent tantôt l'indicatif et tantôt le subjonctif? Ce sont : *de façon que, de manière que, de sorte que, si ce n'est que, sinon que.* L'indicatif après ces conjonctions affirme l'action du verbe d'une manière positive : le subjonctif y ajoute une idée de doute et d'avenir. Exemple : Il s'est comporté *de telle sorte qu'il a mérité* l'estime des gens de bien. Comportez-vous *de telle sorte que vous méritiez* l'estime de gens de bien.

Dans quel cas faut-il employer le présent et le parfait du subjonctif? Après le présent et le futur de l'indicatif on emploie le présent du subjonctif pour marquer une action présente ou future, et le parfait pour marquer une action passée. Exemples :

Je doute
Je douterai } qu'il *vienne aujourd'hui* ou *demain.*

Je doute
Je douterai } qu'il *soit venu hier.*

Dans quel cas faut-il employer l'imparfait et le plusque-parfait du subjonctif? Après tous les temps passés et les conditionnels on emploie l'imparfait du subjonctif, quand on veut exprimer un pré-

15.

sent ou un futur et le plusque-parfait, quand on ne
veut exprimer un passé. Exemples :

<table>
<tr><td>Il fallait
Il fallut
Il a fallu
Il avait fallu
Il eut fallu.
Il faudrait.
Il aurait fallu.</td><td>}</td><td>que *vous partissiez aujourd'hui* ou ne
　demain,
ou que *vous fussiez parti hier.*</td></tr>
</table>

Cependant quand le verbe exprime une action
qui a lieu dans tous les temps, c'est le présent
du subjonctif qu'il faut employer au lieu de l'imparfait après un verbe au temps passé. Exemple :

La nature *a fait* de l'homme un être compâtissant,
afin qu'il soit secourable.

*N'emploie-t-on pas aussi l'imparfait et le plus-
que-parfait après un verbe de temps présent ?*
Oui, on emploie l'imparfait du subjonctif au lieu
du présent, quand le verbe au subjonctif est suivi
d'une phrase conditionnelle, dont le verbe est
à l'imparfait de l'indicatif, *croyez - vous qu'il
vînt si je l'invitais*, et on emploie le plusque-
parfait au lieu du parfait, quand le verbe de la
phrase conditionnelle est au plusque-parfait de
l'indicatif ou au passé du conditionnel, *croyez-
vous qu'il fût venu si je l'avais invité, ou si je
l'eusse invité.*

*Le présent et l'imparfait du subjonctif ne s'em-
ploient-ils pas après un participe présent ?* Oui,

le participe présent veut après lui le présent du subjonctif, quand il peut se tourner par le présent de l'indicatif. Exemple : *Désirant que vous instruisiez mon fils, je vous l'ai confié (comme je desire que vous instruisiez*). Il veut l'imparfait du subjonctif quand on peut le tourner par l'imparfait de l'indicatif. Exemple : *Désirant que vous instruisissiez mon fils, je vous l'ai confié (comme je desirais que vous instruisissiez*).

N'emploie-t-on pas aussi élégamment le *plusque-parfait du subjonctif à la place du plusque-parfait de l'indicatif ?* Oui, c'est après la conjonction *si*, lorsque le verbe principal est au conditionnel passé. Exemple : *Socrate aurait évité la mort, s'il eût consenti à payer une amende* (pour *s'il avait consenti*).

CHAPITRE VII.

INFINITIF.

Comment emploie-t-on l'infinitif ? On l'emploie comme sujet ou comme régime, soit d'un verbe soit d'une préposition. Dans ce dernier cas, il faut qu'il se rapporte sans équivoque à un mot exprimé dans la même phrase : ainsi, il serait mal de dire : la vie est trop courte *pour faire* de longs projets, parce qu'on ne sait pas à quel mot se rapporte l'infinitif *faire*. Il faudrait dire : *pour qu'on fasse.* On ne dira pas non plus : c'est *pour être* heureux, mon fils, que je t'ai donné une bonne

éducation, car il y aurait équivoque. Il faut dire :
c'est *pour que tu sois* heureux ou c'est *pour que*
je sois heureux.

Quels sont les verbes qui peuvent avoir pour ré-
gime un infinitif sans l'intermédiaire d'une pré-
position ? Ce sont : *aimer mieux, compter, croire,*
daigner, choisir, entendre, faire, s'imaginer,
oser, pouvoir, prétendre, vouloir, savoir. Exemple : que de gens *s'imaginent avoir* toujours raison !

Quels sont les verbes après lesquels l'infinitif
est toujours précédé de la préposition à ? ce sont
aimer, aider, s'attendre, autoriser, etc. Exemple :
aimez à secourir les malheureux.

Quels sont les verbes après lesquels l'infinitif
est toujours précédé de la préposition de ? Ce sont :
appréhender, craindre, dédaigner, défier, se dé-
pécher, se rappeler, etc. Exemple : il faut *dédai-*
gner de répondre aux injures.

Quels sont les verbes après lesquels on peut
exprimer ou supprimer la préposition de *avant*
l'infinitif ? Ce sont : *désirer, détester, espérer,*
souhaiter. Exemple : *nous désirons* tous *être* heureux ou *d'être* heureux.

Quels sont les verbes après lesquels l'infinitif
est précédé de la préposition de *ou* à ? Ce sont :
commencer, continuer, contraindre, déterminer,
s'empresser, forcer, etc. Exemples : l'âge nous
force à quitter les plaisirs. L'intempérance du
malade *force* quelquefois le médecin *d'être* cruel.

CHAPITRE VIII.

PARTICIPES.

Quelle différence y a-t-il entre un participe actif et un adjectif verbal terminé en ant? Le participe actif exprime l'action et a quelquefois un régime soit direct, soit indirect; l'adjectif verbal exprime la qualité et ne peut jamais avoir de régime direct. Exemple: c'est un homme *obligeant, cherchant* toujours l'occasion de rendre service. *Cherchant* est un participe actif, parce qu'il exprime une action et qu'il a un régime direct; *obligeant* est un adjectif verbal, parce qu'il marque la qualité et qu'il n'a pas de régime direct.

Le participe actif et l'adjectif verbal sont-ils tous les deux déclinables? Le participe actif est toujours invariable, l'adjectif verbal prend le genre et le nombre du substantif auquel il se rapporte. Exemples :

Participe invariable.	*Adjectif verbal.*
Les enfans *parlant* sans réflexion, commettent souvent des sottises.	Un tableau *parlant.* Une figure *parlante.* Des tableaux *parlans*, etc.
Les enfans, *obéissant* à leurs parens, remplissent un devoir sacré.	L'éducation les a rendus doux, soumis, *obéissans* à leurs parens.

Qu'y a-t-il à observer sur l'emploi du gérondif?

Le gérondif doit toujours exprimer une action
faite par le sujet : ainsi cette phrase est correcte, *il
gagne de l'argent en s'amusant*, et celle-ci ne
l'est pas : *le temps passe vite en s'amusant*; il
faut dire : *quand on s'amuse.*

Le participe passé ou passif est-il déclinable ?
1° Lorsqu'il n'est accompagné d'aucun auxiliaire
et qu'il n'a pas de régime, il est regardé comme
un adjectif et il s'accorde en genre et en nombre
avec le nom auquel il se rapporte. Exemples : un
rempart *détruit*, une ville *détruite*, des remparts
détruits, des villes *détruites*; 2° lorsqu'il est accompagné de l'auxiliaire *être* exprimant l'existence, il s'accorde en genre et en nombre avec
le nominatif du verbe. Exemples : mon frère est
tombé, ma sœur est *tombée*, mes frères sont
tombés, mes sœurs sont *tombées*; 3° lorsqu'il est
accompagné du verbe *avoir*, il est tantôt déclinable et tantôt indéclinable.

*Dans quel cas le participe passé, accompagné
de l'auxiliaire* avoir*, est-il déclinable ?* C'est toutes
les fois qu'il est précédé de son accusatif; il s'accorde alors en genre et en nombre avec cet accusatif qui s'exprime par un des pronoms *me*, *te*,
se, *nous*, *vous*, *le*, *la*, *les*, *que* ou par un *substantif* précédé des mots *quel*, *que de*, *combien
de*, *autant de*. Exemple :

On *m'a trompée*, dit cette malheureuse mère.
L'accusatif du participe *trompée* est le pronom
me qui est féminin, puisque c'est une femme
qui parle; cet accusatif est avant le participe,

y a par conséquent accord. Ecrivez de même avec accord les participes suivans.

Ma sœur, on *t'a avertie*.

Il *nous* a *amusés*.

Je *vous* ai *appelés*.

Où est mon livre? je te *l'ai rendu!*

Donnez-moi cette lettre? je *l'ai perdue*.

Voyez ces jetons, je *les* ai *gagnés*.

Lisez la fable *qu'il* a *composée*.

Quels services il m'a *rendus!*

Que de paroles il a *dites!*

Combien de lettres avez-vous *écrites?*

Autant de batailles il a *livrées*, *autant de victoires* il a *remportées*.

Dans quel cas le participe passif, accompagné du verbe avoir, *est-il indéclinable?* C'est lorsqu'il n'a point d'accusatif ou que l'accusatif le suit. Exemples : *cette plante a langui*. Le participe *langui* est invariable, parce qu'il est accompagné du verbe *avoir* et qu'il n'a pas d'accusatif. *Cette rose a conservé sa fraîcheur;* l'accusatif *fraîcheur* est placé après le participe, par conséquent point d'accord. Il résulte de cette règle que les participes des verbes neutres conjugués avec *avoir* ne se déclinent jamais.

Quelle règle suit le participe passif, accompagné du verbe être, *mis à la place du verbe* avoir? Il suit la même règle que s'il était accompagné du verbe *avoir*, c'est-à-dire qu'il s'accorde quand son accusatif le précède, et qu'il reste invariable quand son accusatif le suit ou quand il n'en a point.

D'après cette règle, les participes passifs des verbes essentiellement réfléchis se déclinent toujours, parce que le pronom qui les précède est toujours à l'accusatif; les participes des verbes réfléchis actifs se déclinent quand ils sont précédés de leur accusatif; les participes des verbes réfléchis neutres restent toujours invariables. Exemples :

Ils *se* sont *repentis*. L'accusatif *se* est avant le participe, par conséquent accord.

Ces hommes *se* sont *proposés* pour remplir cette place. L'accusatif *se* est avant le participe, par conséquent accord.

Ces enfans se sont *proposé une question* à résoudre. L'accusatif *question* est après le participe, par conséquent point d'accord.

Ils se sont *nui*, ils se sont *plu*. Les verbes *se nuire* et *se plaire* étant réfléchis neutres, les participes *nui* et *plu* sont invariables.

Quelle règle suit le participe d'un verbe unipersonnel? il est toujours invariable : Exemples :

Il est arrivé une mauvaise nouvelle.

Il s'est glissé une faute dans cet ouvrage.

Les pluies qu'*il y a eu* ont causé de grands dommages.

Les chaleurs qu'*il a fait* ont été insupportables.

Dans ces deux derniers exemples, *que* ne peut être regardé comme l'accusatif des verbes *avoir* et *faire* qui ont perdu leur signification active et expriment seulement une idée d'existence.

Le participe précédé du pronom en *s'accorde-t-il avec ce pronom ?* Non; le pronom *en*, qui n'est jamais à l'accusatif, n'exerce aucune influence sur l'accord du participe.

Exemple : J'aime les fleurs, *j'en ai cueilli*. Le pronom *en* signifie ici *des fleurs :* il est au génitif partitif; par conséquent le participe est invariable. Si, dans cette phrase : Je n'ai point oublié ce pays, ni les merveilles qu'on m'*en* a *racontées*, le participe *racontées* est déclinable, c'est qu'il est précédé de son accusatif *que*, par conséquent accord.

Que faut-il faire pour s'assurer si le participe, précédé d'un accusatif et immédiatement suivi d'un infinitif, est déclinable ou non ? Il faut examiner si l'accusatif qui précède est le régime du participe ou celui de l'infinitif; dans le premier cas, on fera accorder le participe avec l'accusatif; dans le second cas, le participe sera invariable.

On reconnaît que l'accusatif est le régime du participe, quand on peut remplacer l'infinitif par un participe présent. On écrira avec accord : *Les musiciens que j'ai entendus chanter,* parce que le pronom *que* est ici l'accusatif du participe *entendus*, et non de l'infinitif *chanter* qu'on peut remplacer par *chantant*. Et on écrira sans accord : *Les airs que j'ai entendu chanter,* parce que le pronom *que* n'est pas, dans cette phrase, l'accusatif du participe *entendu*, mais de l'infinitif *chanter*, qui ne peut pas être remplacé par *chantant*. De même on écrira :

Avec accord.	*Sans accord.*
Je les ai *entendus* parler.	Je les ai *entendu* gronder par leur père.
Les troupes que j'ai *vues* partir.	Les troupes *que j'ai* passer en revue par le général.
Ils se sont *laissés* tomber.	Ils se sont laissé *battre.*
Dans ces phrases les pronoms *les*, *que* et *se* sont les accusatifs des participes *entendus*, *vues* et *laissés.* Les verbes neutres *parler*, *partir* et *tomber* ne peuvent avoir d'accusatif.	Dans ces phrases les pronoms *les*, *que* et *se* sont les accusatifs des infinitifs *gronder*, *passer* et *battre.*

Doit-on observer la même règle lorsqu'une préposition sépare l'infinitif du participe? Oui; ainsi on écrira avec accord : *Les dames que j'ai invitées à dîner*, parce que le pronom *que* est l'accusatif du participe *invitées*, et on écrira sans accord : *La maison que j'ai commencé de bâtir*, parce que le pronom *que* est l'accusatif de l'infinitif *bâtir*.

Comment écrit-on le participe fait quand il est suivi d'un infinitif? Il est toujours invariable. Exemple : *On les a fait parler.*

Après quels participes sous-entend-on quelquefois l'infinitif? Après les participes des verbes *vouloir, pouvoir, devoir.* Exemple : *Je lui ai rendu tous les services que j'ai voulu, que j'ai pu, que j'ai dû* (sous-entendu *lui rendre*). Dans ce cas, le participe reste invariable, parce que le pronom *que* est l'accusatif de l'infinitif.

Le participe précédé du pronom relatif que et suivi de la conjonction que est-il variable? Non, parce que le pronom *que* est toujours dans ce cas l'accusatif du verbe qui suit le participe. Exemple : *Les embarras que j'ai prévu que vous auriez.*

Faut-il dire : Le peu d'affection que vous lui avez témoigné *ou* témoignée? L'un et l'autre peuvent se dire, mais dans un sens différent. Si *le peu* signifie *la petite quantité*, l'antécédent du relatif est le substantif *affection*, *que* est alors féminin et singulier, et communique ce genre et ce nombre au participe. Si, au contraire, *le peu* signifie *le manque*, il est lui-même l'antécédent du pronom *que*, qui en prend le genre et le nombre; le participe, s'accordant toujours avec *que*, est alors masculin singulier. Ainsi on écrira :

Le peu d'affection que vous lui avez *témoignée* lui a rendu courage.

Je ne parlerai point du peu de capacité que j'ai *ac- quise*.

Parce que dans ces phrases *le peu* signifie *une petite quantité*.

Le peu d'affection que vous lui avez *témoigné* lui a ôté le courage.

Il doit attribuer sa dis- grâce au peu de capacité qu'il a *montré*.

Parce que dans ces phra- ses *le peu* signifie *le man- que*.

Dans quel cas les participes coûté *et* valu *sont- ils invariables et quand se déclinent-ils?* Lorsque les participes *coûté* et *valu* sont employés comme verbes neutres, ils sont invariables; mais quand ils sont employés comme verbes actifs, ils se déclinent s'ils sont précédés de leur accusatif. Dans ce dernier cas, *valoir* signifie *procurer, rap- porter* et *coûter* signifie *exiger, occasioner*. Ainsi on écrira :

Avec accord.	Sans accord.
Les honneurs que m'a *valus* mon habit (m'a procurés).	Ce cheval ne vaut pas cent louis; il les a *valu*.
Les peines que cette affaire m'a *coûtées* (m'a occasionées).	Les sommes que cette maison a *coûté*.

CHAPITRE IX.

PRÉPOSITION.

§ I. *Préposition proprement dite.*

Quelle différence y a-t-il entre les prépositions dans *et* en? Dans *s'emploie ordinairement pour exprimer un sens précis et déterminé, et est toujours suivi de l'article;* en *marque un sens vague et indéterminé, et est rarement suivi de l'article. Exemples*: Il dîne *dans* la ville, c'est-à-dire, sans sortir de la ville; Il dîne *en* ville, c'est-à-dire hors de la maison.

Quelle différence y a-t-il entre avant *et* auparavant; au travers *et* à travers; autour de *et* à l'entour? Avant *est une préposition, et* auparavant *un adverbe: on dit,* avant *un mois, et un mois* auparavant. Avant *peut être suivi des mots* de *ou* que, *et* auparavant *n'en peut être suivi: on dit,* avant de venir, avant que *vous veniez, et non* auparavant de venir, auparavant que *vous veniez.*

Au travers est toujours suivi de la préposition de; à travers *n'en est pas suivi: on dit,* au travers *des* champs, et *à travers* les champs. On dit aussi, sans article, *à travers champs.*

Autour de est une préposition, et *à l'entour* est un adverbe : *autour de* la ville, il rôde *à l'entour. A l'entour* peut être suivi de la préposition *de* quand il est pris substantivement et au pluriel. On dit *les alentours, aux alentours* de la maison.

Quelle différence y a-t-il entre à la campagne *et* en campagne? *Être à la campagne,* c'est passer le temps à la campagne; *être en campagne,* c'est être en mouvement, hors de chez soi pour affaires. Ex. : *Les gens riches passent l'été à la campagne. Mon commis va se mettre en campagne.*

Emploie-t-on indistinctement près de *et* auprès de, entre *et* parmi, voici *et* voilà? *Près de* signifie non éloigné; *auprès de* indique de plus l'affection, l'assiduité. Exemples : La table est *près du* lit; Cette mère couche *auprès de* son enfant.

Entre ne s'emploie que quand on parle de deux objets. Choisissez *entre ces deux livres;* La maison est située *entre la cour et le jardin. Parmi* se dit de plusieurs objets et ne se met qu'avant un substantif pluriel ou un singulier collectif. On dit, *parmi les feuilles, parmi le peuple,* et l'on ne pourrait dire, Il court *parmi la campagne.*

Voici se rapporte à ce qui suit ou à la chose qui est proche, *voilà,* à ce qui précède, ou à la chose qui est éloignée. Exemples : *Voici* les trois grands principes de la justice : rendre à chacun le sien, ne nuire à personne et vivre honnêtement. La droiture du cœur, la vérité, l'innocence et la règle des mœurs, l'empire sur les passions, *voilà* la véritable grandeur.

Quelle différence y a-t-il entre près de *et* prêt à, vis-à-vis *et* envers? *Près de* signifie *sur le point de.* Il est *près de* tomber, c'est-à-dire *sur le point de* tomber. *Prêt à* signifie *disposé à.* Ex. : La mort ne surprend pas le sage, il est toujours *prêt à* partir, c'est-à-dire *disposé à* partir.

Vis-à-vis marque le lieu et signifie *en face ;* il est ordinairement suivi de *de*, excepté dans le style familier. On dit, ma maison est *vis-à-vis de* la fontaine, et en style familier, *vis-à-vis* la fontaine. *Envers* signifie *à l'égard de.* Exemple : Je vous défendrai *envers* et contre tous.

Dans quel cas doit-on répéter les prépositions, et quand peut-on s'en dispenser? On doit répéter les prépositions avant chaque régime, lorsque ces régimes n'ont aucune ressemblance de signification. Ex. : Il fut grand *dans la paix et dans la guerre ;* La brebis est absolument *sans ressource et sans défense.* On peut se dispenser de les répéter quand les régimes sont à-peu-près synonymes. Exemple : On acquiert des connaissances *par le travail, l'application et l'étude.*

A, de, en se répètent toujours avant chaque régime. Exemples : La lecture sert *à parer* l'esprit, *à régler* les mœurs, et *à former* le jugement. La France est fertile *en blé* et *en vin*, et possède des mines *de houille, de fer, de cuivre,* etc.

§ II. *De l'Article.*

Quand faut-il se servir des articles du, de la, des ? On se sert de ces articles avant les substantifs pris dans un sens partitif. Exemples : Donnez-moi *du feu,* c'est-à-dire *une partie du feu ;* Il boit *de la bière ;* Il mange *des fruits,* c'est-à-dire *une quantité de la bière* ou *des fruits.*

Dans quel cas emploie-t-on la préposition de *au lieu des articles* du, de la, des *avant un substantif pris dans un sens partitif ?* On emploie *de* au lieu des articles *du, de la, des,* 1° quand ce substantif est régime d'un adverbe de quantité, ou d'un nom collectif, ou d'un verbe actif accompagné d'une négation : *Beaucoup de richesses ; Un grand nombre de peuples ; Je ne veux point entendre de plaintes,* à moins que le substantif ne soit déterminé par ce qui suit : *Il a perdu beaucoup des richesses qu'il a acquises ; Un grand nombre des peuples qu'il a soumis ont secoué le joug ; Je ne veux point entendre des plaintes si mal fondées.* (On dit par exception : *Bien des peuples, la plupart des nations.*)

2° Lorsque le substantif, pris dans un sens partitif, est précédé d'un adjectif. Ainsi, au lieu de dire, Lisez *des bons livres,* on dira, Lisez *de bons livres.*

Cependant, si l'adjectif faisait un seul sens avec le substantif, comme dans *petit maître, grand homme,* on considérerait ces deux mots comme n'en formant qu'un seul, et l'on emploierait l'article. Ainsi on ne dirait pas, On rencontre souvent *de petits maîtres* et rarement *de grands hommes*, mais *des petits maîtres* et *des grands hommes*.

Dans quelle circonstance supprime-t-on l'article? C'est 1° pour rendre la diction plus vive et plus animée. Exemple : *Citoyens, étrangers, ennemis, peuples, rois, empereurs*, le (Turenne) plaignent et le révèrent.

2° Avant les substantifs employés dans un sens vague et indéterminé, comme dans les expressions, *rendre justice, prendre place, donner ordre, entendre raillerie, un homme de cour, un ouvrage d'esprit.*

La suppression de l'article ne change-t-elle pas quelquefois le sens de l'expression? Oui; ainsi, *rendre justice* n'est pas la même chose que *rendre la justice :* le premier signifie estimer quelqu'un selon son mérite, le second signifie juger. *Entendre raillerie* signifie souffrir patiemment la raillerie; *Entendre la raillerie*, savoir bien railler. *Un homme de cour* peut n'être pas *un homme de la cour*, et réciproquement. *Un ouvrage de l'esprit* n'est pas toujours *un ouvrage d'esprit*, et *un officier du génie* n'est pas toujours *un officier de génie.*

Dans quel cas doit-on répéter l'article et quand doit-on s'en dispenser? On doit répéter l'article :

1° Avant chaque substantif. Exemple : Du-Guesclin, en mourant, recommanda à ses compagnons d'armes d'épargner, dans la guerre, *les*

laboureurs, *les* femmes, *les* enfans, *les* vieillards.
On dira donc : *le* père et *la* mère ; *le* frère et *la*
sœur, et non *les* père et mère, *les* frère et
sœur, etc.

2° Avant les adjectifs qui précèdent un même
substantif, quand ils sont joints par la conjonction *et* et qu'ils ne qualifient point le même substantif. Ainsi on dira : *Le premier et le second
étage ;* On a abattu *les grands et les petits arbres,*
etc., parce que le même étage ne peut pas être premier et second, et que les mêmes arbres ne peuvent
être à-la-fois grands et petits.

On ne doit pas répéter l'article quand les adjectifs se rapportent au même substantif. Ainsi on
dit, sans article : *Les grands et vastes projets*
joints *à la prompte et sage exécution* font le grand
ministre ; parce que les projets peuvent être à-la-
fois grands et vastes, et l'exécution prompte et sage.

Emploie-t-on indifféremment les articles le, la,
les *avant les adverbes* plus, mieux, moins ? Non ;
on se sert toujours de *le,* 1° quand les mots
plus, mieux et *moins* se joignent à des verbes ou
à des adverbes, comme dans ces phrases : La lecture qui *amuse le plus* et *instruit le moins,* c'est
celle de certains romans. Racine et Boileau sont
les poètes qui écrivent *le plus correctement.*

2° Quand les mots *plus, mieux, moins,* se joignant à des adjectifs, indiquent une qualité portée au plus haut degré, mais sans aucune idée de
comparaison. Dans ce cas, le superlatif relatif est
employé comme absolu. Exemple : Ce magistrat

n'a pu se résoudre à condamner ses enfans, lors même qu'ils étaient *le plus coupables*, c'est-à-dire coupables au plus haut degré.

Si, au contraire, le superlatif relatif indiquait une idée de comparaison, on se servirait de *le*, *la*, ou *les*, selon le genre et le nombre de l'adjectif auquel il se rapporterait. Exemples : Les soldats *les plus fanfarons* ne sont pas *les plus braves* (plus fanfarons, plus braves que les autres). La loi *la plus sévère* n'est pas toujours *la mieux observée* (plus sévère, mieux observée que les autres).

CHAPITRE X.
ADVERBE.

Comment les adverbes qui marquent la manière sont-ils ordinairement terminés? Ils sont terminés presque tous en *ment*.

D'où se forment-ils? Ils se forment des adjectifs, en ajoutant *ment* à ceux qui sont terminés au masculin par une voyelle, comme *sagement* de sage, *poliment* de poli (excepté *impunément*, qui vient d'impuni), et en ajoutant *ment* au féminin de ceux qui, au masculin, sont terminés par une consonne. Ainsi, de grand, grande, on fait *grandement*; de franc, franche, on fait *franchement*, etc. D'autres changent l'e muet en *é* fermé : tels sont : commode, qui fait *commodément*, aveugle *aveuglément*. *Gentille* fait *gentiment*.

Comment les adjectifs terminés en nt *forment-ils*

leurs adverbes ? Ils changent *nt* en *m* et prennent en outre la terminaison *ment* ; de *prudent* on fait *prudemment*, de méchant *méchamment.*

Se sert-on indifféremment des mots dessus, dessous, dedans, dehors ; *et* sur, sous, dans, hors? Non ; les quatre derniers sont des prépositions et ont par conséquent un régime. Les quatre premiers, au contraire, sont des adverbes et ne peuvent avoir de régime. Exemples : Jetez ces herbes *hors du jardin.* Elles sont *dehors.* Cependant les mots *dessus, dessous, dedans, dehors* deviennent prépositions, 1° quand ils sont précédés des particules *de, au, par.* Il saute *par-dessus* le mur; Il loge *au-dessus* de moi ; les impies disparaissent *de dessus* la terre. 2° Quand, dans la même phrase, on se sert de deux opposés, comme *dessus* et *dessous, dedans* et *dehors.* Exemple : J'ai cherché inutilement *dessus et dessous* la table.

Certains adverbes ne sont-ils pas quelquefois employés comme substantifs ? Oui ; c'est lorsqu'ils expriment des choses : ce sont, *dessous, dessus, dedans, dehors, devant, haut, bas, peu, trop,* etc. *Le dessus* de la table; *les dehors* de la maison; *le devant* de la boutique; *le peu* d'attention; *le trop* de ménagemens, etc.

Plus et davantage *s'emploient-ils indifféremment ?* Non : *davantage* ne peut être suivi, comme *plus,* de la préposition *de,* ni de la conjonction *que* : on dit *il est* PLUS *prudent* QUE *vous; Nous avons lu* PLUS *de livres* QUE *lui ;* mais on ne dira pas, *il est* DAVANTAGE *prudent* QUE *vous*, ni *nous avons lu* DAVANTAGE *de livres* QUE *lui*. *Davantage* ne doit pas s'employer dans le sens de *le plus*. Ainsi, on ne dira pas : Ne donnons pas toujours la préférence à ce qui nous plaît *davantage*, mais à ce qui nous plaît *le plus*.

Quelle différence y a-t-il entre si, aussi, tant, autant? *Si, aussi*, se joignent aux adjectifs et aux adverbes : *Si prudent, si prudemment, aussi prudent, aussi prudemment*. *Tant* et *autant* se joignent aux substantifs et aux verbes : *Tant de prudence, autant d'avis, il travaille tant, autant aimé que craint*. *Si* et *tant* marquent l'extension, *aussi* et *autant* la comparaison. Il est *si* las, il a *tant* marché, qu'il ne peut plus remuer. Il est *aussi* prudent *que* brave. Il a *autant* de prudence *que* de bravoure.

Quelle différence de signification y a-t-il entre les adverbes plus tôt *et* plutôt, de suite *et* tout de suite, tout-à-coup *et* tout d'un coup, par terre *et* à terre?

Plus tôt, écrit en deux mots, signifie plus vite, plus promptement ; *plutôt*, écrit en un seul mot, signifie de préférence, au lieu de. Exemples : Il est arrivé *plus tôt* que son frère ; il devrait étudier *plutôt que* de s'amuser.

De suite signifie sans interruption ; *tout de suite* signifie sur-le-champ. Exemples : Il a récité cent vers *de suite*, c'est-à-dire sans interruption ; il obéit *tout de suite*, c'est-à-dire sur-le-champ. C'est donc une faute de dire : Répondez-moi *de suite*, pour, sur-le-champ.

Tout-à-coup signifie subitement; *tout d'un coup*, d'une seule fois. Exemples : Le tonnerre éclata *tout-à-coup*, c'est-à-dire subitement. Il a perdu sa fortune *tout d'un coup*, c'est-à-dire d'une seule fois.

Par terre se dit de ce qui tient ou touche à la terre. On dit : Cet enfant, en courant, est tombé *par terre*. *A terre* se dit de ce qui est élevé au-dessus de la terre sans y toucher. Cet enfant était monté sur un arbre, il est tombé *à terre*.

Dans quels cas se sert-on de la négation ne, *et quand peut-on s'en dispenser ?* On se sert de *ne*, 1° Après les verbes *empêcher, craindre, avoir peur, appréhender* et tous ceux qui marquent la crainte. Exemples: *J'empêcherai que l'on* NE *vous fasse tort ; Je crains qu'il* NE *se trompe.* On mettrait *ne... pas* au lieu de *ne* seulement, si l'on desirait que l'action exprimée par le second verbe eût lieu. Exemple : Je crains qu'il *ne* se trompe *pas*, c'est-à-dire, je desire qu'il se trompe. 2° Après les adverbes qui marquent une comparaison, tels que *moins, mieux, plus, autrement*, et les conjonctions *à moins que, de peur que*. Exemples: *Il est plus instruit qu'on* NE *le pense ; écrivez-lui, de peur qu'il* NE *vienne.*

On ne fait point usage de la négation *ne*, 1° après les adverbes qui marquent une comparaison et après les conjonctions *à moins que, de peur que*, quand le verbe de la phrase précédente est accompagné de *ne*. Exemples : *Il n'est pas aussi instruit qu'on le pense ; Ne lui écrivez pas, de peur* qu'il vienne. 2° Après le verbe *défendre*, et les conjonctions *avant que*, *sans que*. Exemples : *Ecrivez avant qu'il vienne. Je défends que vous sortiez.*

Dans quel cas les verbes douter, nier, *désespérer et* disconvenir *doivent-ils être suivis de la négation* ne? C'est seulement lorsqu'ils sont accompagnés d'une négation. On dit : *Je ne doute pas, je ne nie pas que cela* NE *soit*, mais il faut dire : *Je doute, je nie que cela soit.*

Dans quel cas doit-on supprimer pas *et* point *après la négation* ne? On doit supprimer *pas* ou *point* après *ne*, lorsqu'il se trouve dans la phrase une expression négative, telle que : *rien, personne, nul, aucun, jamais*, etc. Exemples : *Ne* faites *aucun* mal à votre prochain ; *Ne* dites *rien* qui puisse l'offenser, etc.

Quels sont les adverbes qui peuvent être suivis d'un régime? Ce sont : 1° les adverbes de quantité qui ont un régime précédé de la préposition *de*. Exemples : *Beaucoup de vin, peu de repos, assez de modération, trop de vertu.* Ils sont, dans ce cas, regardés comme substantifs. 2° Plusieurs adverbes de manière qui ont le même régime que les adjectifs dont ils sont formés. On dit : *Préférablement à, convenablement à, conformément à*, etc., et *différemment de, indépendamment de*, etc.

CHAPITRE XI.

CONJONCTION.

Peut-on répéter les conjonctions quand, lorsque, si, etc. ? Non, il faut y substituer la conjonction *que.* Ainsi, on dira : *Si* vous desirez venir me voir, et *que* votre santé vous le permette, profitez de la belle saison , et non, si vous desirez venir me voir, et si votre santé , etc. *Que,* tenant lieu de *si,* régit toujours le subjonctif.

Quelle différence y a-t-il entre parce que *et* par ce que, quoique *et* quoi que ? *Parce que* est une conjonction et exprime la cause; *par ce que* signifie par la chose que, Exemples : La vanité des autres nous paraît insupportable, *parce qu*'elle blesse la nôtre. Cela s'explique *par ce qu'*il a dit. *Quoique,* conjonction , s'écrit en un seul mot et signifie bien que; *quoi que,* en deux mots, signifie quelque chose que. Exemples : Le règne de Caligula fut trop long, *quoiqu'*il n'ait été que de quatre ans. Jamais un lourdaud, *quoi qu'*il fasse, ne saurait passer pour galant , c'est-à-dire, quelque chose qu'il fasse.

Quelle différence y a-t-il entre quand *et* quant ? Le premier est conjonction et signifie *lorsque.* Exemple : *Quand* on achète le superflu on vend bientôt le nécessaire. Le second est préposition, il signifie *à l'égard de,* et est toujours suivi de *à.* Exemples : *Quant à vous, quant à moi,* c'est-à-dire à l'égard de vous, de moi, etc.

Se sert-on encore de la conjonction malgré que? Non, cette conjonction n'est plus en usage; on la remplace par *quoique*; il en est de même de *durant que, cependant que, devant que, à cause que*, qui se remplacent par *pendant que, avant que, parce que.*

Quelle différence y a-t-il entre avant que, afin que, à moins que, de peur que, etc., *et* avant de, afin de, à moins de, de peur de? *Avant que, afin que, à moins de, de peur que* régissent le subjonctif; *avant de, afin de, à moins de, de peur de* régissent l'infinitif. Exemples: *Allez le voir avant qu'il parte, allez le voir avant de partir.* L'infinitif précédé de *avant de, afin de,* etc., doit toujours se rapporter au sujet. Ainsi l'on ne pourrait pas dire: nos amis doivent être consultés *avant de nous décider;* il faut dire: *avant que nous nous décidions.*

Quel est l'usage de la conjonction et? On l'emploie pour lier une phrase affirmative à une autre ou pour lier les parties semblables d'une phrase affirmative. Exemple: Partez *et* revenez vite. Il cultive les sciences *et* les arts. *Et* sert encore à joindre deux phrases négatives ou une phrase affirmative à une négative. Exemples: Il ne fait point de progrès *et* ne tâche point d'en faire; il s'applique *et* ne fait point de progrès; il ne s'applique pas *et* il recule au lieu d'avancer.

Dans quel cas répète-t-on la conjonction et *avant chaque membre de phrase?* Quand on veut rendre le discours plus animé. Exemple:

On égorge à-la-fois les enfans , les vieillards,
  Et la sœur , *et* le frère,
  Et la fille *et* la mère. (RACINE.)

Dans quel cas supprime-t-on la conjonction et? On la supprime ordinairement lorsqu'il s'agit moins de lier des mots que d'en marquer la gradation. Exemple : Tout nous trahit, la voix, le silence, les yeux.

Quel est l'usage de la conjonction ni ? Cette conjonction lie les phrases négatives et les parties semblables d'une phrase négative. Exemple : Il ne fait point de progrès, *ni* ne tâche d'en faire. (On pourrait dire aussi, comme on l'a vu plus haut, *et* ne tâche point d'en faire.) Il ne cultive pas les sciences *ni* les arts. Il est plus élégant de dire, en supprimant *pas* et en répétant *ni*, il ne cultive *ni* les sciences *ni* les arts.

On répète aussi la conjonction *ni* , de même que la conjonction *et* avant chaque membre de phrase, pour rendre le discours plus animé; Ex. : Un sot, *ni* n'entre, *ni* ne sort, *ni* ne s'assied, *ni* ne se tient sur ses jambes comme un homme d'esprit.

Faut-il employer et ou ni *avant la préposition* sans? Il faut exprimer *et* avant *sans*, ou remplacer *et sans* par *ni*. Exemples : Sans force *et* sans vertu, sans force *ni* vertu.

Peut-on lier par la conjonction et *deux phrases commençant chacune par les mots* plus, mieux, moins, autant? Non. Il ne faut pas dire : *plus* on le connaît *et plus* on l'estime, mais, *plus* on le connaît, *plus* on l'estime. Ce tour équivaut à

celui-ci : on l'estime *d'autant plus qu'on le con-*
naît.

CHAPITRE XII.

INTERJECTION.

Les interjections indiquent-elles seulement la douleur ou le plaisir ? Non, les unes marquent la surprise, *ha !* d'autres l'aversion, *fi ! fi donc !* d'autres servent à appeler, *holà !* à encourager, *çà, allons, courage !* d'autres à interroger, *eh bien !* d'autres à imposer silence, *chut ! paix !* d'autres à prévenir, *gare !* Elles servent enfin à exprimer toute affection subite de l'âme : on pourrait dire qu'il y en a presque autant que de passions différentes.

Quelle différence y a-t-il entre ah ! *et* ha ! oh ! ho ! *et* ô ! hé ! *et* eh !? *Ah !* exprime la joie ou la douleur. *Ha !* la surprise. *Ho !* exprime la surprise et sert à appeler. *Oh !* s'emploie dans les autres exclamations. *ô !* est un signe d'invocation et précède les noms vocatifs. *Hé !* sert à appeler, à avertir. *Eh !* marque mieux la douleur ou la plainte.

CHAPITRE XIII.

FIGURES GRAMMATICALES OU DE CON-STRUCTION.

§ I. *Ellipse.*

Qu'entend-on par ellipse en grammaire ? On entend par *ellipse* le retranchement d'un ou de plusieurs mots nécessaires pour la construction régulière de la phrase.

Quelle règle doit-on suivre pour l'ellipse ? Celle de n'en faire usage que lorsque le *nom*, le *verbe*, la *particule*, ou la *phrase entière*, qui est supprimée, peut être aisément sous-entendue.

Donnez des exemples de l'ellipse des noms. Des savans m'ont dit, c'est-à-dire *quelques-uns* des savans; apportez du bois et de la lumière, c'est-à-dire *une partie*, *une portion*, *quelque quantité* du bois et de la lumière. Vous avez beau dire; c'est-à-dire vous avez un beau *sujet* de dire.

Donnez des exemples de l'ellipse des verbes. Il est bon comme le miel, c'est-à-dire comme le miel *est bon*. Votre serviteur, je *suis* votre serviteur. Heureux ceux qui, etc., c'est-à-dire ceux-là *sont* heureux qui, etc. Faites ce que vous voulez, c'est-à-dire (ce que vous voulez) *faire*. On a toujours raison, le destin toujours tort (le destin *a* toujours tort).

Quelle règle faut-il suivre dans l'ellipse d'un verbe exprimé ? Le verbe exprimé dans le premier membre de phrase doit être sous-entendu dans le second au même nombre et au même temps. Ainsi l'ellipse est irrégulière dans ce vers de Racine :

Le cœur est pour Pyrrhus et les vœux pour Oreste.

Et dans ces vers de Voltaire :

J'eusse été près du Gange esclave des faux dieux,
Chrétienne dans Paris, musulmane en ces lieux.

Car dans le premier exemple, il faudrait sous-entendre *sont* au lieu de *est*; et dans le second, *e suis* au lieu de *j'eusse été*.

Le verbe peut être sous-entendu à une autre personne. Ainsi on peut dire : *J'irai en Italie et vous en Angleterre*.

Le verbe accompagné d'une négation dans le premier membre de phrase ne peut être sous-entendu dans le second si le sens de ce second membre de phrase est affirmatif. Ainsi Corneille a eu tort de dire : *l'amour n'est qu'un plaisir et l'honneur un devoir :* la correction exigeait : *l'amour n'est qu'un plaisir, l'honneur est un devoir.*

Donnez des exemples de l'ellipse d'une préposition ? Je vous verrai la semaine prochaine ; c'est-à-dire *dans* la semaine prochaine. Un beau jour d'été il vint me voir ; c'est-à-dire *dans* ou *pendant* un jour d'été.

Donnez des exemples de l'ellipse de phrases. Quand viendrez-vous ? — demain ; c'est-à-dire *je viendrai* demain. Que vous a-t-il dit ? — rien ; c'est-à-dire *il ne m'a rien dit.* Je le savais à Paris ; c'est-à-dire je savais *qu'il était* à Paris.

§ II. *Pléonasme.*

Qu'est-ce que le pléonasme ? Le pléonasme est le contraire de l'ellipse : c'est une figure de construction par laquelle on ajoute dans la phrase des mots inutiles pour le sens, mais qui peuvent y mettre de la force ou de la clarté. Il y a des pléonasmes vicieux et des pléonasmes d'usage.

Qu'est-ce que les pléonasmes vicieux ? Ce sont ceux qui n'ajoutent rien du tout à l'idée principale déjà exprimée. Exemples : une tempête *orageuse ;* les bornes et les *limites* de l'éloquence ; les débris et les *restes* d'un bâtiment ; les boulevards et les *remparts* d'une ville ; *orageuse, limites, restes, remparts,* sont une véritable surabondance. De même, ils s'entr'égorgèrent *les uns les autres :* ces derniers mots sont inutiles, car ils *s'entr'égorgèrent* signifie tout seul *ils s'égorgèrent les uns les autres.* Des plaintes réciproques *des deux côtés ; réciproques* veut dire *des deux côtés.*

Qu'est-ce que les pléonasmes d'usage ? Ce sont ceux qui semblent ajouter quelque chose à l'idée déjà exprimée, et que l'usage a sanctionnés. Je l'ai vu *de mes yeux ;* je l'ai entendu *de mes propres oreilles ;* je *me* meurs, les mots *mes yeux, mes oreilles,* et *me,* ne sont là que par énergie. Quand on dit : Je crains qu'il *ne* vienne ; j'empêcherai qu'il *ne* parte ; j'ai peur qu'il *ne* m'oublie, on est occupé du desir que la chose n'arrive pas : on a la volonté de faire tout ce qu'on pourra, afin que rien ne porte obstacle à ce que l'on souhaite ; voilà ce qui fait exprimer la négation *ne* qui n'est pas nécessaire, et qui forme un pléonasme.

Dans cette phrase, c'est en Dieu que nous devons mettre notre espérance, *quelle force le pléonasme* c'est... *que ajoute-t-il à l'expression ?* Il semble lui donner un sens exclusif. Ainsi : *nous devons mettre notre espérance en Dieu,* dit moins que : c'est *en Dieu* que *nous devons mettre notre espérance.* Cette seconde phrase fait entendre non-seulement que nous devons mettre notre espérance en Dieu ; mais que *c'est en lui seul* et non pas dans les autres.

§ III. *Syllepse ou conception.*

Qu'est-ce que la syllepse ? La syllepse est une figure de construction par laquelle au lieu de construire les mots selon les règles ordinaires du nombre et des genres, on en fait la construction relativement à la pensée qu'on a dans l'esprit. En un mot il y a syllepse lorsqu'on fait la construction selon le sens et non selon les mots.

Donnez un exemple de syllepse dans le nombre. La plupart se laissent emporter à la coutume. Laissent est ici au pluriel quoique le sujet soit singulier, parce que l'idée s'occupe de plusieurs personnes. De même dans cet autre exemple : *que ferai-je à ce peuple ?* (dit Moïse, s'adressant au Seigneur) *ils me lapideront. Ils* pronom pluriel remplace ici *le peuple* substantif singulier, parce que ce nom collectif éveille dans l'esprit l'idée de pluralité.

Donnez un exemple de syllepse dans le genre. Les vieilles gens sont soupçonneux. Soupçonneux est du masculin, quoique le substantif *gens* soit du féminin ; c'est qu'il se rapporte au substantif *hommes* qui est dans le pensée.

§ IV. *Antonomase.*

Qu'est-ce que l'antonomase ? C'est une figure

synonymes? Si l'on ne considère dans les mots qui désignent une même idée principale que cette idée principale et commune, on peut dire qu'il existe des mots synonymes; mais si l'on fait attention aux idées accessoires qui les différencient, on peut dire que dans aucune langue il n'existe deux mots qui soient tellement synonymes qu'on puisse les employer indistinctement l'un pour l'autre. On peut comparer les mots synonymes aux couleurs qui portant le même nom diffèrent cependant par leurs nuances.

A quoi sert la connaissance des synonymes? A connaître la valeur des mots que l'on emploie, à varier les expressions dans le discours, à prévenir l'abus des termes et à rendre le langage plus clair, plus élégant et plus intelligible.

Donnez des exemples de mots synonymes, et faites connaître les idées accessoires qui les différencient?

Indolent, nonchalant, paresseux, négligent sont synonymes en ce que tous quatre ils expriment un défaut contraire à l'expédition, au succès du travail; ils diffèrent entre eux en ce que l'on est *indolent* par défaut de sensibilité, *nonchalant* par défaut d'ardeur, *paresseux* par défaut d'action et *négligent* par défaut de soin.

§ IV. *Locutions vicieuses, savoir : solécismes, barbarismes, amphibologies ou équivoques.*

Qu'entend-on par solécisme? Le *solécisme* est

une faute commise contre les règles de la syntaxe; on fait un solécisme en péchant contre les règles de genre, de nombre, de concordance ou de régime.

Donnez des exemples de solécisme. Pierre Corneille a fait un solécisme de nombre quand il a dit :

Vous pouvez adorer César, si l'on l'adore;
Mais quoique *vos encens* le traitent d'immortel, etc.

(Pompée, acte. 1, sc. 1.)

Encens n'a point de pluriel.

J.-J. Rousseau a fait un solécisme de genre quand il a dit : les *longues* pleurs d'un enfant, *elles* ne sont point l'ouvrage de la nature (Emile, livre 1.)

Pleurs est du masculin.

Fénelon a fait un solécisme de concordance en disant : *Nous avions craint que quelque étranger* viendrait *faire la conquête de l'île de Crète* (Tél., liv. v). Il fallait le subjonctif : que quelqu'étranger *ne vînt.*

Enfin il y a solécisme de régime dans cette phrase : Dieu *se rappela de la promesse* qu'il avait faite à Abraham. Il fallait dire *se rappela la promesse*, parce que le verbe réfléchi *se rappeler*, formé du verbe actif *rappeler*, veut un régime direct.

Qu'entend-on par barbarisme? Le *barbarisme* est une faute que l'on commet 1° en faisant usage d'un mot qui n'est point du dictionnaire de la langue où on l'emploie, comme *buvable* au lieu de *potable*, 2° en prenant un mot dans un sens différent de celui qu'il a dans l'usage ordinaire, comme *bosseler* au lieu de *bossuer*, 3° enfin en employant certaines façons de parler qui ne sont usitées que dans une autre langue, comme *je suis froid* au lieu de *j'ai froid.*

Il y a des barbarismes de mots et des barbarismes de phrases.

Donnez des exemples de barbarismes de mots. Il a dépensé une somme *conséquente*, au lieu de, *considérable.* Il a *décommandé* son diner, au lieu de, *contremandé*, etc.

Donnez des exemples de barbarismes de phrases. Je crois *de* bien faire, au lieu de, je crois bien faire. Je vous aime, *tout ce qu'on peut aimer*, au lieu de, *autant qu'on peut aimer.*

Quand est-ce qu'il y a amphibologie dans le discours ? C'est toutes les fois qu'une phrase est construite de manière qu'elle est susceptible de deux interprétations différentes, c'est-à-dire toutes les fois que le sens de la phrase est équivoque ou ambigu. C'était de cette manière que les oracles étaient rendus.

Cette faute est très fréquente en français quand on n'est point en garde sur l'emploi des pronoms *qui*, *que*, *il*, *son*, *sa*, *ses.* Exemple : François Ier érigea Vendôme en duché-pairie en faveur de Charles de Bourbon, et *il* le mena avec lui à la conquête du duché de Milan, où *il* se comporta vaillamment. Quand ce prince eut été pris à Pavie, *il* ne voulut pas accepter la régence qu'on lui proposait; *il* fut déclaré chef du conseil : *il* continua de travailler pour sa liberté; et quand *il* fut délivré, *il* continua à le bien servir.

CHAPITRE XV.

REMARQUES DÉTACHÉES.

Les adjectifs venimeux *et* vénéneux *s'emploient-ils indistinctement?* Non, *venimeux* se dit des animaux, et *vénéneux* des plantes. Ainsi on dit : le scorpion est *venimeux*, le suc de la ciguë est *vénéneux*.

Quelle différence y a-t-il entre matinal *et* matineux, riche *et* fortuné? Un homme *matinal* est celui qui s'est levé matin; il est *matineux* quand il a l'habitude de se lever matin.

Riche signifie qui possède de grands biens; *fortuné* a le même sens que *heureux*. Ainsi un homme *riche* peut n'être pas *fortuné*.

Peut-on se servir indifféremment des expressions tous deux *et* tous les deux? Non; *tous deux* veut dire l'un avec l'autre, ensemble; *tous les deux* signifie l'un et l'autre. Exemple : Jupiter et Mercure entrèrent *tous deux* (ensemble) dans la maison de Baucis; ils étaient *tous les deux* (l'un et l'autre) habillés en pèlerins.

Quelle différence y a-t-il entre ces trois locutions faire accroire, en faire accroire *et* s'en faire accroire ? *Faire accroire* c'est faire croire ce qui n'est pas à dessein de tromper. Exemple : *on fait accroire* tout ce que l'on veut aux gens crédules.

En faire accroire signifie tromper. Exemple : Bien des valets *en font accroire* à leurs maîtres.

S'en faire accroire, c'est s'enorgueillir, avoir trop bonne opinion de soi. Exemple : il a de l'esprit, mais il *s'en fait* trop *accroire*.

Dit-on indifféremment aider quelqu'un *ou* aider à quelqu'un ? *Aider quelqu'un*, c'est l'assister de sa bourse, de ses conseils ou de son crédit , et *aider à quelqu'un*, c'est l'assister en partageant sa peine. Ainsi on dira : les riches doivent *aider les pauvres* dans leurs besoins. Le bûcheron priait la mort de *lui aider* à recharger son fardeau.

Quelle différence y a-t-il entre atteindre quelque chose *et* atteindre à quelque chose ? *Atteindre à quelque chose* suppose quelques difficultés à surmonter. Exemple : il est trop petit pour *atteindre au plafond. Atteindre quelque chose* signifie arriver naturellement et sans efforts à une chose. Exemple : *Il a atteint sa quarantième année.*

Peut-on dire indistinctement suppléer une chose *et* suppléer à une chose ? Non ; *suppléer une chose*, c'est remettre ou restituer cette chose. Exemple : dans les phrases elliptiques, il faut *suppléer les mots* sous-entendus. *Suppléer à une chose*, c'est pourvoir au défaut de cette chose par un équivalent. Exemple : son mérite *supplée au défaut* de sa naissance.

Quelle différence y a-t-il entre ces locutions éclairer quelqu'un *et* éclairer à quelqu'un ? *Éclairer quelqu'un* signifie développer son intelligence, donner de la clarté à son esprit. Dans ce cas *éclairer* est actif.

Éclairer à quelqu'un signifie guider ses pas au moyen d'une lumière. Dans ce cas *éclairer* est neutre.

Éclairer est quelquefois unipersonnel. Exemple : *il éclaire* depuis deux heures, c'est-à-dire il fait des éclairs.

Dit-on emprunter à *ou* emprunter de ? On dit l'un et l'autre avant un nom de personne ; mais avant un nom de chose il faut dire : *emprunter de*. Exemple : *J'ai emprunté* une somme *à quelqu'un* ou *de quelqu'un*. La lune brille d'une lumière *empruntée du soleil* et non *au soleil*.

Peut-on employer imposer *et* en imposer *l'un pour l'autre ?* Non, *imposer* signifie imprimer du respect ou de la crainte. Exemple : c'est un homme dont la figure *impose*. *En imposer* signifie tromper, mentir. Exemple : cet homme est un fourbe qui *en impose* à tout le monde.

Quelle différence y a-t-il entre ces deux expressions insulter quelqu'un *et* insulter à quelqu'un ? *Insulter quelqu'un*, c'est l'outrager par des paroles. Exemple : cet homme est un impertinent qui *insulte tout le monde. Insulter à*, c'est manquer aux égards dus au rang, à l'âge ou l'infortune : le luxe dans certains temps *insulte à la misère publique*. On voit des misérables qui *insultent à leurs juges* dans le sanctuaire de la justice.

Faut-il dire être obligé de *ou* être obligé à ? Les verbes *obliger*, *forcer* et *contraindre* sont presque toujours suivis de *de* au passif. On dit *il s'oblige à...* et *il est obligé de...* Exemple : comme la religion *nous oblige à* révérer les princes, les princes *sont obligés de* révérer la religion.

Les deux verbes plier *et* ployer *signifient-ils la même chose ?* Non ; *plier* signifie mettre en un ou plusieurs doubles. On dit *plier* une lettre, un mouchoir, etc. *Ployer* signifie plus particulièrement faire fléchir, courber. Cependant La Fontaine a dit : le roseau *plie* et ne rompt pas.

Se sert-on indifféremment des expressions se plaindre de ce que *et* se plaindre que ? Non ; la première suppose un *sujet de plainte*, et veut après elle l'indicatif ; la seconde n'en suppose point et veut après elle le subjonctif. Ainsi cette phrase : *Votre maître se plaint de ce que vous ne travaillez pas* signifie qu'il a sujet de se plaindre, parce qu'en effet vous ne travaillez pas, et celle-ci, *c'est à tort qu'il se plaint que vous ne travailliez pas*, signifie qu'il n'a pas sujet de se plaindre, parce que vous travaillez.

Les prépositions durant *et* pendant *s'emploient-elles l'une pour l'autre ?* Non. *Durant* signifie sans interruption, *pendant* indique simplement une époque. Exemple : l'homme doit faire du bien *durant* sa vie (c'est à-dire pendant toute la durée de sa vie) ou du moins *pendant* sa vie, c'est à-dire dans le moment où il vit, de son vivant.

Durant se place quelquefois après le substantif. Exemples : je lui ferai une pension sa vie *durant*; *pendant* au contraire précède toujours le substantif.

Faut-il dire hier matin *ou* hier au matin, demain soir *ou* demain au soir? On dit ordinairement *hier matin*, *demain matin*, on peut dire aussi : *hier au matin*, *demain au matin*; mais on doit dire seulement : *hier au soir*, *demain au soir*.

Doit-on dire j'imagine que vous serez *de* mon avis? Non; *imaginer* signifie inventer, créer, et n'est jamais suivi ni de *que* ni de *de*. Il faut dire : *je m'imagine* que vous serez, etc., parce que *s'imaginer* signifie croire, penser, et peut être suivi de *que* ou de *de*.

Beaucoup *signifiant* plusieurs *s'emploie-il seul?* Il ne s'emploie seul que lorsqu'il est après un verbe. Exemples : nous étions *beaucoup* à table, il y en avait *beaucoup* qui étaient gênés. Mais on ne dirait pas : *beaucoup* ont pensé que c'est le soleil qui tourne : il faut dire *beaucoup d'astronomes* ont pensé, etc.

Peut-on dire je veux vous éviter cette peine? Non, parce que *éviter* ne peut pas s'employer dans le sens d'épargner. Il faut dire : Je veux vous *épargner* cette peine.

Les trois verbes fixer, regarder *et* considérer

peuvent-ils *s'employer l'un pour l'autre?* Non ; *fixer* signifie rendre fixe ou stable : fixer un prix, fixer un étourdi ; *regarder* signifie jeter les yeux sur un objet, afin de l'apercevoir, et *considérer* signifie examiner avec attention, avoir égard, estimer, faire cas. Ainsi on ne dira pas, il me *fixe* et me *considère* long-temps avant de me reconnaître ; mais il me *regarde* long-temps, etc. Je vous *regarde*, dirait quelqu'un à un homme peu estimable ; mais je ne vous *considère* pas.

Qu'y a-t-il à remarquer sur les adjectifs digne *et* indigne? *Digne* se prend en bonne et en mauvaise part. Exemple : il est *digne de pardon*, il est digne *de mort. Indigne* ne se prend qu'en mauvaise part. Exemple : il est *indigne de vos bontés.* Ce serait donc une faute de dire : *il est indigne de châtiment, de mort.* Il faudrait prendre un autre tour et dire : il ne mérite pas d'être châtié, d'être mis à mort.

S'exprimerait-on correctement en disant : Je vous *observerai que vous vous trompez?* Non, il faudrait dire : *Je vous ferai observer que vous vous trompez*, parce que *observer* signifie remarquer ou regarder attentivement. On dirait bien : *j'observe (je regarde) les astres ; j'observe (je remarque) qu'il s'est trompé ;* mais on ne peut pas dire : *je vous remarquerai que vous vous trompez.*

CHAPITRE XVI.

PONCTUATION.

Qu'est-ce que la ponctuation ? C'est l'art d'indiquer par des signes le sens du discours et les pauses qu'il est nécessaire de faire en lisant.

Quels sont les signes dont on sert dans la ponctuation ? Ce sont : la virgule (,), le point et virgule (;), les deux points (:), le point absolu (.), le point interrogatif (?), le point exclamatif (!), les points suspensifs (......), les guillemets (« »), la parenthèse ( ) et le tiret (-).

Faites voir par un exemple de quelle importance est la ponctuation. La place de la virgule donne au vers suivant deux sens différens.

Règne, de crime en crime enfin te voilà roi.
Règne de crime en crime, enfin te voilà roi.

Suivant la première ponctuation, le sens est : règne, puisque tu es devenu roi par tes crimes.

Suivant la seconde, règne en commettant crime sur crime, puisque te voilà roi.

Dans quel cas emploie-t-on la virgule ? On se sert de la virgule

1° Pour séparer les parties semblables d'une même phrase, exemples. Sujets, amis, parens, tout deviendra stérile.—Marchez, courez, volez où l'honneur vous appelle ;

2° Pour séparer le sujet du verbe quand ce sujet a une certaine étendue, exemple : le flot qui l'apporta, recule épouvanté ;

3° Pour séparer les phrases de même espèce et ayant peu d'étendue, exemple : A la mort de J.-C. le ciel s'obscurcit, la terre trembla, le voile du temple se déchira, les tombeaux s'ouvrirent et les morts ressuscitèrent ;

4° Pour distinguer dans une phrase les parties qui peuvent en être détachées sans que le sens de la phrase soit altéré. Exemples :

> Je saurai, s'il le faut, victime obéissante,
> Tendre au fer de Calchas une tête innocente.

On pourrait dire sans altérer le sens de la phrase : Je saurai tendre au fer de Calchas une tête innocente.

> Ce que j'ai fait, Abner, j'ai cru le devoir faire.

On pourrait également dire : ce que j'ai fait, j'ai cru le devoir faire.

Il en est de même des exemples suivans : François Ier, dans sa magnificence pour les lettres, sembla oublier notre langue. — Le ciel, dit-il, m'arrache une innocente vie. — Le temps, qui fuit sur nos plaisirs, semble s'arrêter sur nos peines.

5° La virgule s'emploie encore pour tenir lieu d'un verbe sous-entendu. Exemple :

> L'Aigle avait ses petits au haut d'un arbre creux ;
> La laie, au pied ; la chatte, entre les deux.

La virgule tient lieu de *avait ses petits*.

Les conjonctions et, ni, ou *dispensent-elles de mettre la virgule?* Non, on peut encore faire usage de la virgule, lorsque ces conjonctions sont surabondantes ou que les parties de phrase sont d'une certaine étendue. Exemples :

Oh ! combien les Français vont répandre de larmes.
Quand sous la même tombe ils verront réunis
Et l'époux, et la femme, et la mère, et le fils.

Ni l'or, ni la grandeur ne nous rendent heureux.

Tout reconnaît ses lois, ou brigue son appui.

Dans quel cas se sert-on du point et virgule?
1° Il se met après une phrase finie, mais suivie d'une autre qui s'y rattache par le sens. Ex. :

Un fils ne s'arme point contre un coupable père ;
Il détourne les yeux, le plaint et le révère.

2° On fait encore usage du point et virgule pour séparer les parties principales dans les énumérations. Exemple :

Parler beaucoup et bien, c'est le talent du bel esprit ; parler peu et bien, c'est le caractère du sage ; parler beaucoup et mal, c'est la manie du fat ; parler peu et mal, c'est le malheur du sot.

Quel usage fait-on des deux points? Ils se mettent :

1° Après une phrase finie, mais suivie d'une autre qui sert à l'étendre ou à l'éclaircir. Ex. :

Les délicats sont malheureux :
Rien ne saurait les satisfaire.

2° Quand on rapporte les paroles de quelqu'un, ou avant une citation. Exemple :

Philippe disait : je ne crains pas les Athéniens; je ne crains que Démosthènes.

3° Après la phrase qui précède une énumération. Exemple :

Un sage ami, toujours rigoureux, inflexible,
Sur vos fautes jamais ne vous laisse paisible :
Il ne pardonne point les endroits négligés ;
Il renvoie en leur lieu les vers mal arrangés ;
Il réprime des mots l'ambitieuse emphase , etc.

BOILEAU.

REMARQUE. Si l'énumération se trouvait placée après la phrase principale, c'est immédiatement après cette énumération qu'il faudrait mettre les deux points. Ex. : Ne régner que pour couronner la justice ; donner à ses desirs des bornes moins étendues qu'à sa puissance; ne faire sentir son pouvoir à ses peuples que par le nombre de ses bienfaits : telle est la véritable image de la grandeur d'un roi.

Dans quel cas se sert-on du point absolu ? On le met après une phrase dont le sens est entièrement fini. Exemple : Le fantasque veut être seul et ne peut supporter la solitude. Il revient à la campagne et s'aigrit contre elle. On se tait; ce silence affecté le choque. On parle tout bas; il s'imagine que c'est contre lui.

Dans quel cas se sert-on du point interrogatif ? Après toutes les phrases interrogatives. Exemple.

19

Qu'est-ce qu'un château? c'est souvent un lieu où l'on voit la grandeur en petit et le ridicule en grand.

Quand faut-il se servir du point exclamatif? Il faut le mettre après toutes les phrases qui expriment un sentiment que l'âme éprouve. Il se met encore après les vocatifs, employés comme exclamation. Exemple :

Où suis-je? ô trahison ! ô reine infortunée !
D'armes et d'ennemis je suis environnée !

Dans quel cas doit-on se servir des points suspensifs? On s'en sert pour marquer une interruption dans le discours. Exemple :

Je devrais sur l'autel où ta main sacrifie,
Te.... Mais du prix qu'on m'offre, il faut me contenter,

Quand se sert-on du tiret? Il s'emploie dans le discours dialogué où les interlocuteurs ne sont pas nommés; ce signe sépare les demandes des réponses, et a pour objet de rendre le discours plus animé en évitant la répétition des mots *dit-il, reprit-elle,* etc., etc.

Comment l'aurais-je fait si je n'étais pas né?
Reprit l'agneau; je tette encore ma mère. —
Si ce n'est toi, c'est donc ton frère ? —
Je n'en ai point.— C'est donc quelqu'un des tiens...

Quel usage doit-on faire des guillemets? Ils se mettent à la fin et au commencement d'une citation ou d'un discours que l'on rapporte. On les met aussi au commencement de chaque ligne et à la fin de la dernière. Exemple :

Une mère spartiate, pour consoler son fils
d'une blessure qui le rendait boiteux, lui dit :
« Mon fils, te ne peux plus faire un pas qui ne
« te rappelle ta valeur. »

A quoi sert la parenthèse ? La parenthèse sert
à renfermer une espèce de note courte faite au
milieu d'une phrase. Exemple :

> Mais un fripon d'enfant (cet âge est sans pitié)
> Prit sa fronde, et d'un coup tua plus d'à moitié
> La volatille malheureuse.

REMARQUE. Souvent on remplace la parenthèse
par deux virgules. Exemple :

L'argent, dit Bacon, est un bon serviteur et un
mauvais maître.

Qu'est-ce que l'alinéa ? C'est la plus grande de
toutes les pauses ; il consiste à renvoyer à une
autre ligne la suite d'un discours, quand on change
e sujet.

FIN DE LA DEUXIÈME PARTIE.

LIVRE PREMIER.

CONSTRUCTION DES PHRASES.

NOTIONS PRÉLIMINAIRES.

De la phrase et des parties qui la composent.

Qu'est-ce qu'une phrase? C'est la réunion de plusieurs mots qui forment un sens complet.

Combien la phrase a-t-elle de parties essentielles? Elle en a deux : ce sont le *sujet* ou nominatif et le *verbe* personnel avec l'attribut.

Par quelles questions peut-on distinguer le sujet et le verbe de la phrase? Le sujet répond à la question QUI ou QUOI? le verbe aux questions QU'EST-IL? QU'A-T-IL? QUE FAIT-IL? Exemples : *la terre est ronde.* QUOI? *la terre;* c'est le sujet. QU'EST ELLE? *est ronde;* c'est le verbe avec l'attribut.—*Le soldat combat.* QUI? *le soldat;* c'est le sujet. QUE FAIT-IL? *combat;* c'est le verbe avec l'attribut. En effet *combat* équivaut à *est combattant.* Le verbe et l'attribut, étant le plus souvent énoncés en un seul mot, sont regardés comme une seule partie de la phrase.

Combien la phrase a-t-elle de parties accidentelles ou secondaires? Elle en a trois, ce sont : 1° *le régime direct* ou l'accusatif d'un verbe actif; 2° *le régime indirect*, c'est-à-dire tout mot complétant le sens d'un verbe actif, passif ou neutre et s'y liant par le moyen des prépositions *de*, *à*, *par*, *pour*, etc. ; 3° *le déterminatif*, c'est-à-dire les expressions et les phrases adverbiales qui déterminent le sens du verbe et qui expriment une circonstance de temps, de lieu, de manière, de quantité, de motif, de moyen, de condition ou d'opposition.

A quelle question répond le régime direct? A la question QUI ou QUOI? Exemple : *Socrate but la ciguë.* — Qui? *Socrate,* sujet. QUE FIT-IL? *but,* verbe. QUOI? *la ciguë,* régime direct.

A quelles questions répond le régime indirect? Aux questions DE QUI? DE QUOI? A QUI? A QUOI? PAR QUI? PAR QUOI? POUR QUI? POUR QUOI, etc. Exemples : il est content (*de qui?*) de vous. — Il décide (*de quoi?*) de mon sort. — Il parle (*à qui?*) à ses enfans — Je pense (*à quoi?*) à mes affaires. — Alaric fut tué (*par qui?*) par Clovis. — Il est abattu (*par quoi?*) par le malheur. — Il travaille (*pour qui?*) pour vous. — Il combat (*pour quoi?*) pour la gloire.

A quelles questions répondent les déterminatifs? Aux questions QUAND? OÙ? COMMENT? COMBIEN? POURQUOI? PAR QUEL MOYEN? DANS QUEL CAS? MALGRÉ QUOI? Exemples : il partira (*quand?*) dans un mois. — Il demeure (*où?*) chez moi. — Il répond (*comment?*) avec assurance. — Il étudie (*pourquoi?*) pour devenir savant. — Il a réussi (*par quel moyen?*) par son adresse. — Donnez beaucoup (*dans quel cas?*) si vous avez beaucoup. — Il fut emmené (*malgré quoi?*) malgré ses cris.

Modifications des parties de la phrase.

Qu'est-ce que les modifications? Ce sont les mots qui modifient ou qualifient le sens des noms ou des verbes de la phrase.

Quelles sont les modifications des noms? Ce sont 1° L'ADJECTIF avec ou sans régime. Exemples : le *sage* Aristide; un homme *courageux, utile à l'état, doué de vertu*; des remparts *détruits*; 2° UN AUTRE SUBSTANTIF, exprimant le même objet, c'est ce qu'on appelle apposition. Exemples : le *roi* David; Rome, *ville éternelle*; 3° UN SUBSTANTIF DE CAS GÉNITIF. Exemples : Philippe *de Macédoine*; la maison *de la commune*; les intérêts *du public*; la chute *de l'empire*; 4° UNE PHRASE commençant par un pronom relatif. Exemples : un ami *qui vous estime*; la grâce *que vous demandez*; la personne *dont on vous a parlé*.

Quelles sont les modifications des verbes? Ce sont 1° LES ADVERBES. Exemples : vous vous cou-

duisez *sagement*; il travaille *beaucoup*; 2° LES
ADJECTIFS joints à un verbe neutre. Exemples :
nous partîmes *contens*; il demeura *immobile*;
3° LES SUBSTANTIFS joints à certains verbes d'existence, ou à certains verbes passifs. Exemples :
il est devenu *le maître*; le lion est appelé *le roi
des animaux*; 4° UN INFINITIF faisant un seul sens
avec le verbe. Exemples : je veux *attendre* ; on
peut *croire*; il doit *partir*.

Division des phrases.

Comment peut-on diviser les phrases ? Si on
les considère sous le rapport des parties qui les
composent, elles seront *simples*, *complexes* ou
composées. Si on les considère sous le rapport
de leur liaison dans le discours et de leur dépen-
dance entre elles, elles seront *principales* ou *subordonnées*, et si on les considère par rapport à
l'ordre, à l'arrangement et à la disposition de
leurs membres, elles seront *directes* ou *inverses*.

Qu'est-ce qu'une phrase simple ? C'est une
phrase où l'on ne trouve qu'un seul sujet et qu'un
seul verbe avec ou sans régime. Exemples : La
vie est courte; Les druides attribuaient des vertus
divines au chêne.

Qu'est-ce qu'une phrase complexe ? C'est une
phrase où l'on trouve plusieurs sujets, plusieurs
régimes, ou plusieurs déterminatifs convenant à
un seul verbe ou plusieurs verbes convenant à
un seul sujet. Les parties semblables sont liées
par les conjonctions *et*, *ni*, *ou*, tantôt expri-

mées, tantôt sous-entendues. Exemples : *Corneille*, *Racine et Molière* ont illustré la scène française. L'éclair *brille et disparaît*. Le sage ne recherche *ni les honneurs ni les richesses*. On triomphe de son ennemi *par force ou par ruse*.

Qu'est-ce qu'une phrase composée ? C'est la réunion de deux phrases dont l'une, appelée *principale*, fait un sens complet d'elle-même, et l'autre, qu'on appelle *subordonnée*, présente un sens dépendant de la première et s'y lie par le moyen d'un pronom relatif ou d'une conjonction autre que *et*, *ni*, *ou*, *mais*. Exemples : Dieu humiliera ceux *qui* s'enorgueillissent. On doit se taire *quand* on n'a rien de bon à dire.

La phrase subordonnée *qui s'enorgueillissent* est jointe par le pronom *qui* à la phrase principale : *Dieu humiliera ceux*. La phrase subordonnée *quand on n'a rien de bon à dire* se lie par la conjonction *quand* à la phrase principale *on doit se taire*.

Qu'est-ce qu'une phrase directe ? C'est une phrase dont les parties sont rangées dans l'ordre de la construction logique. Dans cette construction le sujet doit se présenter le premier, puis viennent le verbe, ses régimes et le déterminatif. Les mots régis doivent suivre ceux qui les régissent. Exemples : Le calme succède à la tempête. Les fêtes du Dieu d'Israël sont cessées.

Qu'est-ce qu'une phrase inverse ? C'est une phrase dont les parties ne sont pas rangées dans l'ordre de la construction logique. Exemples :

A la tempête succède le calme. Du Dieu d'Israël les fêtes sont cessées.

Construction et analyse des phrases.

Qu'est-ce que la construction ? C'est la manière de disposer les mots qui composent une phrase.

Combien y-a-il d'espèces de construction? Il y en a deux : la construction logique et la construction grammaticale; chacune de ces constructions peut être pleine ou elliptique.

Qu'est-ce que la construction grammaticale ? C'est l'arrangement des parties de la phrase d'après les règles et l'usage de la langue qu'on parle. La construction grammaticale s'écarte peu, dans la langue française, de la construction logique.

En quoi la construction grammaticale française diffère-t-elle principalement de la construction logique ? Le sujet suit le verbe dans les phrases interrogatives et dans quelques cas particuliers. Exemples : viendrez-*vous?* Peut-être partira-t-*il.*

Le pronom interrogatif régime et l'adjectif interrogatif attribut précèdent le verbe. Exemples : *qu'avez-vous* fait ? (La construction logique est : Vous avez fait que, quelle chose). *Quel* est ce langage? ce langage est quel).

Les pronoms personnels régimes précèdent le verbe. Exemples : il *vous* a écrit, il *vous* attend.

L'adverbe se place dans les temps composés entre l'auxiliaire et le participe. Exemple : il vous a *toujours* défendu.

Qu'est-ce que la construction pleine? C'est celle dans laquelle toutes les parties de la phrase sont exprimées. Exemple : Dieu chassa Adam du paradis terrestre.

Qu'est-ce que la construction elliptique? C'est celle dans laquelle quelque partie de la phrase est sous-entendue. Exemple : Nulle paix pour l'impie. Le verbe *n'est* est sous-entendu. Dans les phrases impératives, le sujet est toujours sous-entendu. Exemples : Laisse-moi dans mon heureuse pauvreté (*toi* laisse-moi). Peuples, prêtez l'oreille (*vous*, peuples, prêtez).

Qu'est-ce qu'analyser une phrase? C'est distinguer les différentes parties qui la composent et observer le rapport que ces parties ont entre elles.

Quel moyen emploie-t-on pour faire l'analyse logique d'une phrase? On a une feuille de papier ou une planche noire rayée de lignes horizontales et partagée par cinq lignes verticales formant cinq colonnes. Chacune de ces colonnes a pour titre une des cinq parties qui composent ou peuvent composer les phrases; savoir 1° *sujet*, 2° *verbe*, 3° *régime direct*, 4° *régime indirect*, 5° *déterminatif*   colonne du sujet reçoit le sujet, celle du verbe reçoit le verbe, etc. Ainsi supposons qu'on ait à analyser cette phrase : Dieu donna sa loi à Moïse sur le mont Sinaï, on placera *Dieu* dans la colonne du sujet, *donna* dans celle du verbe, *sa loi* dans celle du régime direct, *à Moïse* dans celle du régime indirect, *sur le mont*

Sinaï dans celle du déterminatif. On met dans la marge les interjections et les vocatifs.

Où place-t-on sur le tableau les modifications? Elles se mettent dans la même colonne que le mot qu'elles modifient et à sa suite. Ainsi les modifications du sujet se mettent dans la colonne du sujet, etc. Dans cette phrase : La chute des feuilles annonce l'hiver, le génitif *des feuilles* qui modifie le sujet grammatical *la chute*, et forme avec lui le sujet logique, doit se mettre dans la colonne du sujet.

Tout régime direct ou indirect et tout déterminatif se placent-ils toujours dans les colonnes 3, 4 et 5 du tableau? Ils ne doivent s'y placer que lorsqu'ils se rapportent au verbe de la phrase placé dans la colonne 2. Si le sujet de la phrase était, par exemple, un infinitif, il faudrait mettre au sujet avec cet infinitif tous les mots qui en dépendraient. Dans cette phrase : dire ses affaires à tout le monde est une grande sottise, le régime direct *ses affaires* et le régime indirect *à tout le monde* doivent se placer avec *dire* dans la colonne du sujet; en effet le sujet de cette phrase n'est pas seulement *dire*, mais bien *dire ses affaires à tout le monde.*

CHAPITRE PREMIER.

PHRASES SIMPLES.

SECTION PREMIÈRE.

PHRASES SIMPLES DIRECTES.

Comment fait-on sur le tableau l'analyse d'une phrase directe? On écrit chaque partie de la phrase dans la colonne qui lui est propre, en allant de gauche à droite.

§ I.

Phrases directes à deux parties. Exemple:

sujet.	*verbe.*
Les rivages	disparaissaient.
Quoi?	*Que faisaient-ils?*

Autres exemples : Tout le camp demeure immobile. QUOI? tout le camp, *sujet.* QUE FAIT-IL? demeure immobile, *verbe.* L'adjectif *tout* qui modifie *camp* fait partie du sujet, et l'adjectif *immobile*, modification du verbe neutre *demeurer*, fait partie du verbe.

Aimer Dieu est notre premier devoir. QUOI? aimer Dieu, *sujet.* QU'EST-IL? est notre premier devoir, *verbe.* L'accusatif *Dieu* doit sur le tableau se mettre au sujet, parce qu'il forme avec *aimer* le sujet de la phrase.

§ II.

Phrases directes à trois parties. Exemple :

sujet.	*verbe.*	*régime indirect.*
La terre	reprend	sa verdure.
Quoi?	*Que fait-elle?*	*Quoi?*

Autres exemples : Je n'admirai jamais la gloire de l'impie. Qui? je, *sujet.* QUE FIS-JE, n'admirai jamais, *verbe.* Quoi? la gloire de l'impie, *régime direct.* Les adverbes *ne* et *jamais* font partie du verbe et le génitif *de l'impie* modifiant *gloire* fait partie du régime direct.

Je voudrais inspirer l'amour de la retraite. Qui, je, *sujet.* QUE FERAIS-JE? voudrais inspirer, *verbe.* Quoi? l'amour de la retraite, *régime direct.* L'infinitif *inspirer* faisant un seul sens avec le verbe *voudrais* doit se mettre avec lui dans la colonne du verbe.

sujet.	*verbe.*	*régime indirect.*
La précision	mène	à l'élégance.
Quoi?	*Que fait-elle?*	*A quoi?*

Autre exemple. Le travail est souvent le père du plaisir. Quoi? le travail, *sujet.* QU'EST-IL? est souvent le père, *verbe.* DE QUOI? du plaisir, *régime indirect.* Le verbe et l'attribut étant regardés comme une seule partie de la phrase, *est le père* se placent sur le tableau dans une même co-

lonne. Le génitif *du plaisir* modifiant un substantif qui fait partie du verbe peut se placer dans la
colonne du régime indirect.

sujet.	verbe.	déterminatif.
L'or	éclate	en ses vêtemens.
Quoi?	*Que fait-il?*	*Où?*

§ III.

Phrases directes à quatre parties. Exemples :

sujet.	verbe.	régime dir.	régime indirect.
Tu	prêtes	les armes	au dieu des combats.
Qui? Que fais-tu?		*Quoi?*	*A qui?*

sujet.	verbe.	rég. dir.	déterminatif.
Neptune	souleva	les flots	jusqu'au ciel.
Qui?	*Que fit-il?*	*Quoi?*	*Où?*

sujet.	verbe.	rég. ind.	déterminatif.
L'homme	dépend	des autres	dès sa naissance.
Qui?	*Q. fait-il?*	*De qui?*	*Quand?*

§ IV.

Phrases directes à cinq parties. Exemple :

sujet.	verbe.	rég. dir.	rég. ind.	détermin.
S. Louis	rendait	la justice	à ses sujets	sous un chêne.
Qui? Q. faisait-il?	*Quoi?*	*A qui?*		*Où?*

SECTION II.

PHRASES SIMPLES INVERSES.

Comment fait-on sur le tableau l'analyse d'une phrase inverse? On en écrit les mots dans les colonnes indiquées par leurs rapports logiques à mesure que ces mots se présentent, et on a soin de descendre d'une ligne toutes les fois que l'ordre logique est interverti : toutes les fois, par exemple, qu'on passera du déterminatif au régime indirect, du régime direct au verbe, etc. Le nombre plus ou moins grand de lignes qu'occupera la phrase donnera le degré de son inversion. Il n'y a point d'exemple de phrase inverse qui occupe plus de cinq lignes.

Donnez quelques exemples. Supposons qu'on ait à placer sur le tableau cette phrase : *A la tempête succède le calme.* Après avoir mis *à la tempête* au régime indirect on descendra d'une ligne pour mettre *succède* au verbe et d'une autre pour mettre le *calme* au sujet, car dans la construction logique le verbe aurait dû précéder le régime indirect et le sujet aurait dû précéder le verbe.

sujet.	*verbe.*	*régime ind.*
. . . .	. . . .	A la tempête
. . . .	succède	
le calme.		

Si l'on avait à analyser cette autre phrase : *Du Dieu d'Israel les fêtes sont cessées*. Il faudrait écrire *du Dieu d'Israël* dans la partie à droite du sujet, et descendre d'une ligne pour mettre *les fêtes* dans la partie à gauche. Il y a là une inversion dans la même colonne puisque le mot régi précède le mot régissant. On écrira *sont cessées* au verbe sans descendre d'une ligne, parce qu'on suit la construction logique en passant du sujet au verbe.

sujet.	*verbe.*
. . . . Du Dieu d'Israël	
les fêtes	sont cessées.

Pourquoi descend-on d'une ligne toutes les fois qu'il y a une inversion ? Afin d'offrir en même temps à l'œil et à l'esprit la construction logique et la diction inverse de l'auteur. Si on lit verticalement les mots en passant successivement de la première colonne à la dernière, on aura la construction logique ; si au contraire on lit les mots en passant d'une ligne horizontale à l'autre, on trouvera la diction de l'auteur.

§ I.

Phrases avec inversion d'un degré. Exemple :

sujet.	*verbe.*	*rég. dir.*	*déterminatif.*
Il		m' (moi)	
. . . .	. . . . . .	. . . .	. . . .
	aborde		avec amitié
Qui ?	*Q. fait-il ?*	*Qui ?*	*Comment ?*

Si on lit verticalement cette phrase, en passant successivement de la colonne 1 à la colonne 2, etc., on aura la construction logique, *il aborde me* (moi) *avec amitié*; et si on la lit en passant d'une ligne horizontale à une autre, selon qu'on l'a écrite, on retrouve la diction de l'auteur, *il m'aborde avec amitié.* En plaçant *avec amitié* au déterminatif, on n'a pas descendu d'une ligne, parce que, dans l'ordre de la construction logique, le sujet précède le déterminatif : il n'y a donc point d'inversion. On ne descend d'une ligne que lorsqu'on passe de droite à gauche. On doit toujours suivre la même ligne lorsqu'on va de gauche à droite.

§ II.

Phrases avec inversion de deux degrés. Exemple :

sujet.	verbe.			déterminatif.
				Après Saül
. . . .	. . . .			. . . .
	paraît			
. . . .	. . . .			. . . .
David.				
Qui?	*Que fait-il?*			*Quand?*

Si on lit, colonne par colonne, les différens membres de cette phrase, on en aura la construction logique, *David paraît après Saül*; et si on lit cette même phrase sur les lignes horizontales, en allant de la première à la deuxième, de la deuxième à la troisième, on aura la diction inverse de l'auteur, *après Saül paraît David.*

20.

§ III.

Phrases avec inversion de trois degrés. Exemple:

sujet.	verbe.	régime direct.	rég. ind.
			A cela
. . . . .	. . . .	. . . .	. . . .
		que (quelle chose)	
. . . . .	. . . .	. . . .	. . . .
	répond		
. . . . .	. . . .	. . . .	. . . .
il?			
Qui? *Q. fait-il?*		*Quoi?*	*A quoi?*

Si on lit, colonne par colonne, les différens
membres de cette phrase, on en aura la construction logique, *il répond que (quelle chose) à
cela;* si on les lit sur les lignes horizontales, on
retrouvera la diction inverse *à cela que répond-
il?* Tous les membres de cette phrase sont ran-
gés dans un ordre contraire à celui de la construction logique; mais il y a dans le régime indirect seulement une inversion à l'ordre de la
construction grammaticale. Car le génie de la
langue française exige que, dans les phrases interrogatives, le pronom personnel sujet suive le
verbe, et que le pronom interrogatif régime le
précède.

§ IV.

Phrases avec inversion de quatre degrés. Exemple :

sujet.	verbe.	rég. dir.	rég. ind.	détermin.
				Dans ce désordre
			à mes yeux	
		se (lui)		
	présente			
un jeune enfant.				
Qui?	*Q. fait-il?*	*Qui?*	*A quoi?*	*Où?*

Lisez colonne par colonne les différentes parties de cette phrase, vous aurez la construction logique : *Un jeune enfant présente se (lui) à mes yeux dans ce désordre;* lisez-les en suivant les lignes horizontales, et vous aurez la diction inverse de l'auteur : *Dans ce désordre à mes yeux se présente un jeune enfant.*

CHAPITRE II.

PHRASES COMPLEXES.

Comment fait-on sur le tableau l'analyse et la construction des phrases complexes ? De même qu'on a fait celle des phrases simples : il faut seulement avoir soin de tirer un trait, et de descendre d'une ligne horizontale à une autre, toutes les fois qu'on rencontre dans le texte, 1° l'une des conjonctions *et, ni, ou ;* 2° une *virgule* tenant lieu de l'une de ces conjonctions. On place alors les conjonctions dans la colonne marginale du tableau.

Après que la construction aura été faite sur le tableau, que reste-t-il encore à faire ? On doit suppléer dans chaque phrase les mots qui y sont sous-entendus, et on les trouvera toujours dans la phrase qui précède ou dans celle qui suit.

Combien une phrase complexe renferme-t-elle de phrases simples ? Elle en renferme autant qu'elle a de sujets, de verbes, de régimes directs ou indirects et de déterminatifs de même espèce. Ainsi cette phrase complexe : « *Les satyres, Bacchus et Faune détestent l'horreur des combats* », ayant trois sujets renferme trois phrases simples, savoir : les satyres détestent l'horreur des combats, Bacchus déteste l'horreur des combats, Faune déteste l'horreur des combats.

SECTION PREMIERE.

PHRASES COMPLEXES DANS UNE SEULE PARTIE.

§ I.

Phrases complexes dans le sujet. Exemple.

sujet.	verbe.	déterminatif.
La rage	*était peinte*	sur son visage,
et l'impiété	*étaient peintes*	sur son visage.
Quoi ?	*Que faisait-elle ?*	*Où ?*

(Dans ce tableau , les mots sous-entendus sont en *italique.*)

La phrase ci-dessus contient deux phrases simples parce qu'elle a deux sujets; 1° la *rage* ; 2° l'*impiété*. On voit clairement sur le tableau ces deux phrases, savoir : *La rage* (était peinte sur son visage); *et l'impiété était peinte sur son visage.*

§ II. *Phrases complexes dans le verbe. Exemple.*

sujet.	verbe.	régime direct.
Une noire tempête	enveloppa	le ciel,
et *une noire tempête*	irrita	toutes les ondes de la mer.
Quoi ?	*Que fit-elle ?*	*Quoi ?*

Autre exemple. (Trois phrases.) Soyez *simple* avec art, *sublime* sans orgueil , *agréable* sans fard.

N. B. La connaissance de la construction des phrases complexes rendra évidente l'incorrection de cette phrase : Les Romains assiégèrent et s'emparèrent de Carthage. Il faudrait la placer sur le tableau de la manière suivante :

sujet.	*verbe.*	*régime indir.*
Les Romains et *les Romains*)	assiégèrent s'emparèrent	(*de Carthage.*) de Carthage.

On voit clairement que le même régime indirect ne convient pas aux deux verbes et que pour être correct, il eût fallu dire : « Les Romains assiégèrent Carthage et s'en emparèrent. »

§ III. *Phrases complexes dans le régime direct.*
Exemple :

	La véritable éloquence	suppose	l'exercice du génie,
et	*la véritable éloquence*	*suppose*	la culture de l'esprit.
	Quoi?	Que fait-elle?	Quoi?

§ IV. *Phrases complexes dans le régime indirect.*
Exemple :

sujet.	*verbe.*	*régime indir.*
Toute la côte	retentissait	des cris des ouvriers,
et	*toute la côte*	*retentissait*	des coups de marteaux.
Quoi?	Que faisait-elle?	De quoi?

§ V. Phrases complexes dans le déterminatif.
Exemple :

sujet.	verbe.	déterminatif.
La brebis	est absolument	sans ressource,
et la brebis	est absolument	sans défense.
Quoi ?	Qu'est-elle ?	déterminatif ?

SECTION II.

PHRASES COMPLEXES DANS DEUX PARTIES.

Comment fait-on l'analyse des phrases sur-complexes ? La première partie de la phrase sur-complexe s'analyse comme une phrase complexe ordinaire, et il faut ensuite laisser entre chacune des complexités suivantes autant de lignes qu'il y a de phrases à suppléer.

sujet.	verbe.	régime dir.
Ses regards doux	répandent	le calme,
et ses regards sereins	répandent	le calme,
et ses regards doux	répandent	la joie.
et ses regards sereins	répandent	la joie.
Quoi ?	Que font-ils ?	Quoi ?

Le nombre des phrases simples renfermées dans la phrase *sur-complexe* répond toujours au produit des parties complexes multipliées les unes par les autres. Ainsi la phrase sur-complexe : *Ses regards doux et sereins répandent le calme et la joie*, qui présentent deux sujets, 1° *regards doux*; 2° *regards sereins*; et deux régimes directs, 1° *le calme*; 2° *la joie*, équivaut à quatre phrases; comme on peut le voir démontré clairement dans le tableau ci-dessus.

(Huit phrases.) La *honte*, la *pitié*, l'*abattement*, la *crainte* ÉTOUFFENT leurs sanglots et RETIENNENT leurs plaintes.

N. B. Il y a des phrases qui semblent être sur-complexes, mais qui ne le sont pas en effet, parce que les deux parties complexes qu'on y trouve ne se rapportent pas l'une à l'autre.

D'un souffle l'aquilon *écarte* les nuages,
Et *chasse* au loin la *foudre* et les *orages*.

Il n'y a ici que trois phrases, parce que les deux verbes, *écarte* et *chasse*, ne se rapportent pas aux mêmes régimes directs. Ces trois phrases sont : 1° l'aquilon écarte d'un souffle les nuages; 2° l'aquilon chasse au loin la foudre; 3° l'aquilon chasse au loin les orages.

CHAPITRE III.
PHRASES COMPOSÉES.

Comment fait-on sur le tableau l'analyse des phrases composées? La phrase subordonnée, liée à la principale par un pronom relatif, se met dans la colonne où se trouve l'antécédent du pronom relatif, parce que c'est la modification de ce substantif, et la phrase subordonnée liée à la principale par une conjonction autre que *et, ni, ou, mais,* se met au déterminatif, parce qu'elle exprime une circonstance du verbe principal. Si l'on a à placer sur le tableau ces phrases composées : *Dieu humiliera ceux qui s'enorgueillissent.* — *On doit se taire quand on n'a rien de bon à dire,* — il faudra mettre la phrase subordonnée *qui s'enorgueillissent* au régime direct où se trouve *ceux,* l'antécédent du pronom relatif, et l'on placera la phrase subordonnée *quand on n'a rien de bon à dire* au déterminatif, parce qu'elle exprime une circonstance de temps et détermine le sens du verbe principal *doit se taire.*

SECTION PREMIERE.

PHRASES COMPOSÉES DONT LA SUBORDONNÉE EST T[?]
LIÉE A LA PRINCIPALE PAR UN PRONOM RELATIF.

§ I. *Phrase principale qui précède la subordonnée.*
Exemple :

sujet.	verbe.
Celui-là	est heureux
. . . .	. . . .
qui ne desire rien.	
Qui?	Qu'est-il?

La phrase subordonnée est marquée en lettres italiques.

Autres exemples : Les bons ouvrages seront les seuls *qui passeront à la postérité.* Quoi? les bons ouvrages, *sujet.* QUE SERONT-ILS? seront les seuls qui passeront à la postérité, *verbe.*

Punissez le cruel *qui ne pardonne pas.* Qui? vous, sous-entendu, *sujet.* QUE FEREZ-VOUS? punissez, *verbe.* Qui? le cruel qui ne pardonne pas, *régime direct.*

J'accoutume mon âme à souffrir ce *qu'ils font.* Qui? je, *sujet.* QUE FAIS-JE? accoutume, *verbe.* Quoi? Mon âme, *régime direct.* A QUOI? à souffrir ce qu'ils font, *régime indirect.*

Ils arrivèrent à l'instant *où nous quittions cette île.* Qui? ils, *sujet.* QUE FIRENT-ILS? arrivèrent, *verbe.* QUAND? à l'instant où nous quittions cette île, *déterminatif.*

§ II. *Phrase principale renfermant la subordonnée.*
Exemple :

sujet.	verbe.
Le flot *qui l'apporta*	recule épouvanté.
Quoi?	*Que fait-il?*

Autre exemple : Qui chérit son erreur ne la veut pas connaître. Qui ? (Celui sous-entendu) qui chérit son erreur, *sujet.* QUE FAIT-IL? ne veut pas connaître, *verbe.* QUOI? la (elle), *régime direct.*

Quand la phrase subordonnée est renfermée ainsi dans la principale, on la nomme *incidente.*

SECTION II.

PHRASES COMPOSÉES DONT LA SUBORDONNÉE EST JOINTE A LA PRINCIPALE PAR UNE CONJONCTION.

§ I. *Phrase principale qui précède la subordonnée.*
Exemple :

sujet.	verbe.	déterminatif.
On	parle peu	*quand la vanité ne fait pas parler.*
Qui?	*Que fait-on?*	*Quand ?*

§ II. *Phrase principale qui suit la subordonnée. Exemple :*

sujet.	verbe.	rég. dir.	déterminatif.
			si *tu achètes le superflu*
. . .	. . . . .	. . . . . .	. . . .
tu	vendras bientôt	le nécessaire.	
Qui?	*Que feras-tu?*	*Quoi ?*	*Dans quel cas?*

§ III. *Phrase principale renfermant la subordonnée,
qu'on appelle alors incidente. Exemple :*

sujet. verbe. rég. direct. rég. ind. déterm.

Dieu	donne		aux princes	QUAND *il lui plait*
...	....	de terribles leçons.	....	....

Qui? Que fait-il? Quoi?   *A qui?*   *Quand?*

§ IV. *Phrases composées dont la subordonnée est
jointe à la principale par une conjonction qui
s'exprime en deux mots dont l'un se trouve
dans la phrase principale.*

Exemple :

sujet. verbe. déterminatifs.

Les maux de la guerre	sont horribles.	PLUS
....		.... QUE *vous ne pensez.*

Quoi?   *Que sont-ils?*   *Combien?*

Autres exemples : Thermosiris racontait si bien
les choses passées, QU'ON *croyait les voir.* QUI?
Thermosiris, *sujet.* QUE FAISAIT-IL? racontait,
verbe. QUOI? les choses passées, *régime direct.*
COMMENT? si bien qu'on croyait les voir, *déterminatif.*

Il est ASSEZ riche POUR QUE *cette dépense ne le
gêne pas.* QUI? il, *sujet.* QU'EST-IL? est riche,
verbe. COMBIEN? assez pour que cette dépense
ne le gêne pas, *déterminatif.*

OBSERVATIONS
SUR LES ELLIPSES, LES PLÉONASMES ET LES IDIOTISMES.

I. *Ellipses.*

1° *Ellipse des noms* quelques-uns, une partie, une quantité, *sous-entendus quelquefois avant les mots* DE, DE LA, DU, DES. Exemples : Les mariniers poussaient *des* cris de joie (*quelques-uns des* cris.) — Partout la charrue avait laissé *de* creux sillons (*une quantité de* sillons creux).

2° *Ellipse des pronoms personnels* tu, nous, vous, *avant l'impératif.* Exemples : Respecte le malheur (*toi*, respecte). — Prions et travaillons (*nous*, prions, etc.).

3° *Ellipse du pronom démonstratif* cela. Ex. : Hélas! je ne puis voir *qui* des deux est mon fils (*cela*, c'est-à-dire qui des deux, etc.). Et je vois *que* tous deux sont mes ennemis (*cela*, c'est-à-dire *que* tous deux, etc.). — D'où vient *que* mon cœur frémit d'un saint effroi? (*cela*, c'est-à-dire que mon cœur frémit d'un saint effroi, *sujet*; vient, *verbe*; d'où, *régime indirect*). — Tu sais combien je dois à ses heureux secours (*cela*, c'est-à-dire combien, etc.).

4° *Ellipse du pronom* celui. Exemple : Qui ne sait se borner ne sut jamais écrire (*celui* qui, etc.)

5° *Ellipse du verbe personnel.* Exemple : O douce paix! heureux qui ne te perd jamais! (*Ce-lui-là est* heureux, etc.) — Grenouilles aussitôt *de sauter* dans les ondes; grenouilles *de rentrer* dan leurs grottes profondes (*commencèrent de sauter*, etc.)

6° *Ellipse des particules.* Exemples : Il ne dort ni *nuit* ni *jour* (*pendant* la nuit, *pendant* le jour.) — Pécheurs, disparaissez, le Seigneur se réveille (*car* ou *parce que* le Seigneur, etc.)

7° *Ellipse du sujet et du verbe personnel avant l'infinitif.* Ex. : Quoi ! *tirer* un homme de sa patrie ! (*on a pu tirer*, etc.) — Pourquoi *craindre* la mort si l'on a assez bien vécu pour n'en pas craindre les suites ? (pourquoi *doit-on* craindre ?)

8° *Ellipse du pronom relatif et du verbe être.* Exemple : J'ai vu l'impie *adoré* sur la terre (*qui était* adoré). —Quel est, dans le lieu saint, ce pontife *égorgé* ? (ce pontife *qui a été* égorgé dans le lieu saint, *sujet* ; est quel (pontife), *verbe*).—*Pareil* au cèdre, *il* cachait dans les cieux son front audacieux (il, *lui qui était* pareil au cèdre, *sujet* ; cachait, *verbe* ; son front audacieux, *régime direct* ; dans les cieux, *déterminatif*).

Nota. On voit clairement, dans ce dernier exemple, que *pareil au cèdre* se rapporte au sujet *il* ; mais dans cette phrase : *déjà saisi d'une funeste impression, ce spectacle l'augmenta,* on ne sait à quel mot rapporter le modificatif *saisi*. Cette construction est donc vicieuse.

9° *Ellipse dans les phrases comparatives.* Ex. : L'œil appartient à l'âme *plus qu'*aucun autre organe (*ne lui appartient*,.—L'ignorance vaut *mieux qu'*un savoir affecté (*ne vaut*).—On ne donne rien *si* libéralement *que* ses conseils (*qu'on donne ses conseils*) —Son orgueil est sans bornes, *ainsi que* sa richesse (*est sans bornes*). — Il est *aussi* prudent *que* brave (*qu'il est brave*).

II. *Pléonasmes.*

1° *Pléonasme du pronom* il, elle, lui, *avec le verbe personnel.* Exemples : Dieu laissa-t-*il* jamais ses enfans au besoin ? — Comment une femme qui n'a nulle habitude de réfléchir, élèvera-t-*elle* ses enfans ? — Adam se fait peine à lui-même, *lui* qui s'était tant aimé.

2° *Pléonasme de* il *avec les verbes unipersonnels.* Exemples : *Il brille* sur son front une aimable assurance (*il*, c'est-à-dire une assurance brille). — *Il serait inutile* de disputer notre vie contre la tempête (*il*, c'est-à-dire disputer..... serait inutile). — Aux usages reçus *il faut* qu'on s'accommode (*il*, c'est-à-dire qu'on s'accommode aux usages reçus, *sujet*; faut, est nécessaire, *verbe*). — *Il vaut* mieux s'occuper à jouer qu'à médire (*il*, c'est-à-dire s'occuper à jouer, *sujet*; vaut, *verbe*; mieux que s'occuper à médire, *déterminatif*). Il se *répand* autour des trônes certaines terreurs qui empêchent de parler aux rois avec liberté (*il*, c'est-à-dire certaines terreurs qui, etc., *sujet*; se répandent, *verbe*; autour des trônes, *déterminatif*).

3° *Pléonasme des pronoms personnels* le, la, les. Exemples : Ce que j'ai fait, Abner, j'ai cru *le* devoir faire (j'ai cru devoir faire *le*, *ce*, *cela*). — Je *la* revois enfin cette chère patrie ! (je revois , cette chère patrie)! — *Les remontrances* les plus justes et les plus respectueuses, l'adulation *les* travestit en une témérité punissable (l'adulation travestit *les*, les remontrances les plus, etc.).

4° *Pléonasme de* c'est que, c'est qui. Exemples : *C'est* ainsi *que* vous parle un ami véritable.—*Est-ce qu'* à faire peur on veut nous condamner? *C'est* le même Dieu *qui* nous jugera tous.—*Est-ce* donc votre cœur *qui* vient de nous parler?

Les locutions *c'est que, est-ce que, c'est qui, est-ce qui,* pouvant être regardées comme des expressions adverbiales d'affirmation, se placent dans la colonne des déterminatifs, et pour indiquer qu'elles ne font point partie de la construction logique, on peut les renfermer dans une parenthèse.

5° *Pléonasme des mots* ce... que, ce. (En supprimant dans les phrases suivantes les mots *ce* et *que*, le sens restera le même.) Exemples : *C'est* un sentiment trop pénible *que* la haine.—Qu'est-*ce* donc *que* la vie?—Laisser les crimes impunis, *c'est* les multiplier.—*C'est* une consolation pour moi *de* mourir avec vous.—Le vrai moyen d'être trompé, *c'est* de se croire plus fin que les autres.

III. *Idiotismes.*

1° *Les adjectifs* quel, quelle, etc. , *à la place de* grand, grande, très, fort. Exemples : *Quel* bonheur de me voir la fille d'un tel père! (c'est un *grand* bonheur) *Quel* horrible avenir m'ose-t-on présenter! (un avenir *fort* horrible).

2° Quiconque *à la place de* celui qui *ou de* tout homme qui *et servant de sujet à deux verbes.*

Exemple : *Quiconque* a pu franchir les bornes légitimes, peut violer enfin les droits les plus sacrés (*celui qui* a pu.... peut).

3° *Le verbe* aller, *employé comme une espèce d'auxiliaire et donnant au verbe suivant la signification d'un futur très prochain.* Exemple : Mes chants *vont seconder* les accords de ma lyre (seconderont dans peu).

4° *Le verbe* venir, *employé comme une espèce d'auxiliaire et donnant au verbe suivant la signification d'un passé très récent.* Exemple : Il *vient de partir* (il est parti il y a peu d'instans).

5° *L'unipersonnel* il y a *à la place du verbe* être *ou* exister. Exemple : *Il y a* des folies de diverses espèces (des folies *sont*).

6° Il en est de *à la place du verbe* être. Ex. : *Il en est de* la félicité comme des songes (la félicité *est* comme les songes).

7° Il y va de *à la place de* est exposé *ou* en danger. Exemples : *Il y va de* mon honneur dans cette affaire (mon honneur *est exposé* dans...). — Chez les Romains *il y allait* de la vie à quitter les rangs (la vie était *en danger* si l'on quittait, etc.).

8° Il s'en faut *à la place de* il est loin, éloigné. Exemples : *Il s'en faut* beaucoup *que* l'un soit du mérite de l'autre (que l'un soit du mérite de l'autre *est loin*).—Peu *s'en est fallu* qu'il ne vous rencontrât (qu'il ne vous rencontrât *n'a pas été éloigné*).

9° *Verbes* réfléchis *à la place d'un verbe* passif. Exemples : Ce que l'on conçoit bien s'énonce clairement (*est énoncé*). — Le soleil ni la mort ne se peuvent *regarder* fixement (*ne peuvent être regardés*).

10° *Verbes* réfléchis *mis à la place des verbes* neutres. Exemples : La vie *s'écoule* en un instant (*coule*).—Les rivages d'Egypte *s'enfuyaient* loin de nous (*fuyaient*).

11° Expressions verbales *mises à la place d'un* verbe. Exemples : *Avoir l'air* pour *sembler.* Le lion *a l'air* noble (*semble*). — *Avoir peur* pour *craindre.* Il *a peur* de son ombre (*il craint*).—*Faire mal* pour *nuire.* Cela vous *fera mal* (*nuira*).—*Avoir recours* pour *recourir. J'ai recours* à toi, ô mon fils !

Toutes les fois que l'accusatif du verbe est employé d'une manière indéterminée, c'est-à-dire sans article ou adjectif déterminatif, il peut être regardé comme faisant un seul sens avec le verbe, et, sur le tableau, on le placera dans la même colonne que le verbe. On regardera donc, comme une seule partie logique, les expressions, *avoir besoin, faire tort, rendre justice,* etc.

12° Voici, voilà, *à la place des phrases* voyez ici, voyez là. Exemples : *Le voilà qui* se jette aux pieds d'Hégésippe (*voyez lui qui...*). — *Voici* le temps où nos voix peuvent, pour lui, signaler leurs accens (*voyez ici* le temps....).

13° Participes actifs *et* gérondifs *tenant la place d'un* verbe personnel. Exemples : La discorde cruelle, aux vertus du héros *opposant* ses fureurs, l'une rage nouvelle embrâse les ligueurs (*qui s'oppose*).—Le sage jouit de tout l'univers *en jouissant* de lui-même (*lorsqu'il jouit*).

14° Participes actifs présens ou actifs passés avec un sujet, *tenant lieu d'un* verbe personnel *et de la conjonction* comme, lorsque. Exemples : *Cette réflexion embarrassant notre homme*, on ne dort pas, dit-il, quand on a tant d'esprit (il, notre homme, *sujet* ; dit, *verbe* ; cela, on ne doit pas quand on a tant d'esprit, *régime direct ; comme* cette réflexion l'*embarrassait, déterminatif*). — *La ville ayant été prise*, l'ennemi y fit un riche butin (lorsque la ville *fut prise*).

15° Infinitifs *régimes d'une préposition tenant lieu d'un* verbe personnel. Exemples : *Pour entendre* vos doux accens, les oiseaux cessent leur ramage (pour qu'*ils entendent*). — Vivre *sans* se *connaître* est un trop dur supplice (sans qu'*on* se *connaisse*).—Thémistocle, *après avoir sauvé* sa patrie, en fut banni (après qu'*il eut sauvé*).

16° Infinitif avec un sujet, *tenant la place d'un* participe actif *ou d'un* verbe personnel. Exemples : A chaque instant on croit *le* voir *paraître* (on croit voir *le paraître*, c'est-à-dire, *lui paraissant ou qui paraît*). — On vit partout *régner la basse flatterie* (la basse flatterie régner, c'est-à-dire *régnant ou qui régnait*). Alors je sentis l'*espérance renaître* dans mon cœur (l'espérance renaître, c'est-à-dire *que* l'espérance *renaissait*).

17° La préposition *de* remplace,

. . . *dans* ou *pendant*. Exemple : Il est parti

de nuit.... *de* jour ; (elle répond alors à la question
QUAND ?)

... *à cause de.* Exemple : Je suis charmé *de* son
avancement ; (elle répond à la question POURQUOI ?) (

. . . *avec* ou *par le moyen de.* Exemple : *De*
ma lance je renversai le fils du roi. (Elle répond
à la question COMMENT OU PAR QUEL MOYEN ?)

18° La préposition *à* remplace,

. . . *avec*, et modifie le nom qui la précède.
Exemples : Il a acheté un couteau *à* deux tran-
chans. La peinture *à* l'huile fut inventée par
Jean de Bruges. (Quand cette préposition, em-
ployée dans ce sens, dépend d'un verbe, elle en
est le déterminatif, et répond à la question COM-
MENT ? Exemples : *Il prie à* mains jointes, il *va
à* grands pas).

. . . *pour, propre à*, et modifie le nom qui la
précède. Exemples : La Normandie est un pays
à pâturages. On se sert de la pierre *à* fusil pour
faire du feu, etc. (Elle se joint quelquefois à des
infinitifs. Exemples : C'est une dispute *à* ne jamais *finir.* Vous faites une dépense *à* vous *ruiner.*)

. . . *à la manière*, et modifie les noms. Ex. :
Il a fait un dessin *à* la chinoise. Elle porte une
coiffure *à* l'antique.

Enfin la préposition *à* précède des infinitifs actifs pris dans un sens passif. Exemples : J'ai une
terre *à vendre.* Ce fruit est bon *à manger*, etc.

19° La préposition *pour* remplace,

. . . *au lieu de.* Exemple : Il emploie un mot
pour un autre.

. . . . *eu égard à.* Exemple : Il est bien prudent *pour* son âge.

. . . . *comme.* Exemples : Tenez cela *pour* fait, *pour* dit. Il fut laissé *pour* mort. (Dans ces trois acceptions, la préposition *pour* donne lieu à la question COMMENT ?)

. . . *à cause de.* Exemples : Il vient *pour* cela. Faites l'aumône *pour* l'amour de Dieu.... *afin de.* Exemple : Elle chante *pour* amuser la compagnie. (Dans ces deux acceptions, la préposition *pour* donne lieu à la question POURQUOI ?)

. . . *envers.* Exemple : Je connais son aversion *pour* le mensonge.... *en faveur de.* Exemples : Il n'est *pour* aucun parti. Il se déclara *pour* le plus fort. (Dans ces deux acceptions, la préposition *pour* donne lieu à la question POUR QUI OU POUR QUOI ? régime indirect.)

. . . . *moyennant.* Exemple : On a des terres *pour* un prix modique. (*Pour*, dans cette acception, donne lieu à la question PAR QUEL MOYEN ?)

. . . *pendant.* Exemple : Je m'absenterai *pour* un mois. (Elle donne lieu à la question QUAND ? ou *pendant* COMBIEN *de temps ?*)

20° Les adverbes de quantité, *combien, beaucoup, peu, moins, plus, tant, autant, assez, trop, guère*, joints à la préposition *de* et tenant la place d'un nom. Exemples : *Combien* de fruits nous produit la terre ! (*Quelle grande quantité de fruits !*) Ayons *moins* d'orgueil et *plus* de science. (*une moindre quantité* d'orgueil et *une plus grande quantité* de science.) Il est difficile

de joindre à *autant* d'esprit *autant de* modestie
(à *une si grande quantité* d'esprit *une si grande
quantité de* modestie.) Personne ne conservait
assez de présence d'esprit ni pour ordonner les
manœuvres, ni pour les faire (*une quantité suf-
fisante* de présence d'esprit). On ne trouve *guère*
d'ingrats tant qu'on est en état de faire du bien
(*nulle quantité* d'ingrats).

21° Ne.... que, *à la place de* seulement. Ex. :
Le bélier *n*'a *que* de faibles armes.

22° Que *à la place de* pourquoi ? Ex. : *Que* ne
puis-je vous révéler les secrets de sa charité ?

23° Que *à la place de* combien. Exemples : *Que*
de richesses nous donnent les champs et les vi-
gnes (*combien* de richesses)! *Que* ceux qui te sont
fidèles, sous ton joug trouvent d'attraits!

24° Combien *à la place de* très, fort. *Combien*
était-il juste et charitable à l'égard de ses domestiques (il était *très* juste, *fort* charitable)!

25° Que *à la place de* avant que. Exemple :
Je ne partirai pas d'ici *que* vous ne soyez arrivé
(*avant* que vous ne soyez arrivé).

26° Interrogation négative *à la place d'une*
proposition affirmative. Exemples : *Qui ne court*
après la fortune ? (*Tout le monde court...*) *De
quoi ne vient à bout* l'esprit de l'homme ? (Vient à
bout de *tout.*)

27° Interrogation affirmative *à la place d'une*
proposition négative. Ex. : *Vous l'ai-je confié,
pour en faire un ingrat?* (Je *ne* vous l'ai *point confié.*)

28° A peine que... ne pas plus tôt que, *à la*

à *place de* dès que, aussitôt que : Exemples : *A peine* fut-il assis, *qu'il* commença à se plaindre (c'est-à-dire *dès qu'il* fut assis, etc.). Il *ne* fut *pas plus tôt* arrivé *qu'il* partit (*aussitôt qu'il* fut arrivé).

29° Si, *à la place de* comme. Exemple : *Si* le rossignol est le chantre des bois, le serin est le musicien de la chambre (*comme* le rossi - gnol, etc.).

30° Autant. . . autant *à la place de* autant que. Exemple : *Autant* la terre de Chypre nous avait paru négligée, *autant* celle de Crète se montrait fertile (*autant que* la terre de Chypre, etc.)

31° Plus. . . plus *à la place de* à mesure que. Exemple : *Plus* on déchire les entrailles de la terre, *plus* elle est libérale (est libérale *à mesure* qu'on déchire).

32° Expressions et tours de phrases tenant la place de la conjonction conditionnelle si :

. . . pour peu que. Exemple : *Pour peu qu'il* néglige son devoir il sera puni, (il sera puni, DANS QUEL CAS? s'il néglige un peu son devoir).

. . . l'inversion du pronom personnel. Ex. : *Paraît-il un épervier?* cette mère timide devient intrépide (DANS QUEL CAS? s'il paraît...)

. . . un infinitif précédé de *à*. Exemple : *A vaincre* sans péril, on triomphe sans gloire. (si l'on vainc).

33° Expressions et tours de phrases tenant la place de la conjonction adversative QUOIQUE.

. . . quelque.... que. Exemples : Le torrent du

monde s'écoule , *quelque* soin *qu'*on prenne à le retenir (*quoiqu'*on prenne beaucoup de soin à le retenir). De *quelques* superbes distinctions *que* se flattent les hommes, ils ont tous une même origine (*quoique* les hommes se flattent des plus superbes distinctions).

. . . tout... que. Exemple : Je l'aime *tout* rebelle *qu'*il est (*quoiqu'*il soit rebelle).

.... pour. Exemple : O céleste justice ! tes vengeances, *pour être tardives*, n'en sont pas moins terribles (*quoiqu'*elles soient tardives).

... avoir beau. Exemple : Nous *avons beau* vanter nos grandeurs passagères, il faut mêler sa cendre aux cendres de ses pères (*quoique* nous vantions nos grandeurs).

34° Expressions et tours de phrases tenant la place d'une condition ou d'une restriction.

. . . *quand,* suivi du conditionnel. Exemple : *Quand* elle *aurait* de vrais talens, sa prétention les avilirait (DANS QUEL CAS OU MALGRÉ QUOI ? *quand même* elle aurait de vrais talens).

. . . un verbe de *mode conditionnel* suivi de *que.* Exemple : Il *serait* le plus brave des hommes *que* je ne le craindrais pas (DANS QUEL CAS OU MALGRÉ QUOI ? *quand même* il serait le plus brave).

. . . un *imparfait du subjonctif,* suivi du pronom personnel. Exemple : *Fussiez-*vous au fond des abîmes, la main de Jupiter pourrait vous en tirer (DANS QUEL CAS OU MALGRÉ QUOI ? *Si* vous étiez *même* au fond des abîmes).

SECOND LIVRE.

CONSTRUCTION DES PÉRIODES.

NOTIONS PRÉLIMINAIRES.

Qu'est-ce qu'une période ? La période, d'après Aristote, est une diction arrondie, parfaite pour le sens, qui a des parties distinguées et qui est facile à prononcer tout d'une haleine.

La période n'est-elle pas différemment considérée par le grammairien, le logicien et l'orateur ? Oui : le grammairien porte son attention sur le nombre de phrases qui la composent ; le logicien s'attache au fond de la pensée, en distingue les parties logiques et en signale le résultat. L'orateur n'observe que les pauses dont il a besoin pour la déclamer avec avantage.

Ainsi, dans cette période :

« *Celui* qui règne dans les cieux, de qui relèvent tous les empires, à qui seul appartient la

---

(1) Voyez *Discours sur les périodes*, à la tête des *Périodes latines graduées.*

22.

gloire, la majesté, l'indépendance, *est aussi celui* qui fait la loi aux rois, et qui leur donne, quand il lui plaît, de grandes et terribles leçons. »

Le grammairien distingue une phrase principale : *Celui.... est aussi celui*, et neuf subordonnées : 1° *qui règne dans les cieux;* 2° *à qui seul appartient la gloire*, etc....

Le logicien ne distingue que trois parties principales, qui sont : 1° le sujet, celui qui règne dans les cieux, de qui relèvent tous les empires, à qui seul appartient la gloire, la majesté, l'indépendance; 2° le verbe, est aussi; 3° l'attribut, celui qui fait la loi aux rois et qui leur donne, quand il lui plaît, de grandes et terribles leçons.

L'orateur verra deux parties principales qu'il appelle membres, indiquée par une pause moyenne, et chacune de ces parties composées de plusieurs parties secondaires qu'il appelle incises. Ainsi, il trouvera pour premier membre : Celui qui règne dans les cieux, | de qui relèvent tous les empires, | à qui seul appartient la gloire la majesté et l'indépendance; | (trois incises) et pour second membre : est aussi celui qui fait la loi aux rois | et qui leur donne, quand il lui plaît, de grandes et terribles leçons. | (Deux incises.)

Comment considérons-nous ici la période ? Nous ne la considérons que sous le rapport de la grammaire et des signes qui doivent en séparer les membres d'après les règles de la ponctuation.

Qu'est-ce qu'une période en grammaire ? C'est

un assemblage de phrases dont l'une est principale, et les autres sont subordonnées.

*En quoi la période grammaticale diffère-t-elle
de la phrase composée ?* La phrase composée ne
contient que deux phrases simples, au lieu que
la période en présente au moins trois.

*La phrase complexe, lorsqu'elle renferme plus
de deux phrases, n'est-elle pas aussi une période ?*
Non, parce que les phrases qu'on y distingue ne
se modifient pas les unes les autres, comme celles
de la période.

CHAPITRE PREMIER.

PÉRIODES SIMPLES.

Comment peut-on diviser les périodes ? En simples, en complexes, et en composées.

Qu'est-ce qu'une période simple ? C'est celle
dont la phrase principale est simple.

*Combien peut-on distinguer d'espèces de pé-
riodes simples ?* On en distingue quatre espèces.

*Quelles sont les périodes simples de la pre-
mière espèce ?* Ce sont celles dont la phrase principale simple est modifiée par d'autres phrases
simples. Exemple : « Lorsque notre haine est trop
vive, elle nous met au-dessous de ceux que nous
haïssons ». *Elle* (notre haine) *nous met au-dessous de ceux*, phrase principale, n'étant précédée

ni d'un pronom relatif, ni d'une conjonction : *que nous haïssons*, phrase subordonnée qui modifie *ceux* : *Lorsque notre haine est trop vive*, phrase subordonnée, qui modifie les deux phrases précédentes.

Quelles sont les périodes simples de la deuxième espèce? Ce sont celles dont la phrase principale est modifiée par une ou plusieurs phrases complexes. Exemple : *On est obligé de reprocher à ces peuples d'avoir été trop soumis* (phrase principale simple), *puisqu'ils ont mis sous le joug leur foi même et leur conscience* (phrase complexe, qui modifie la principale).

Quelles sont les périodes simples de la troisième espèce? Ce sont celles dont la phrase principale simple est modifiée par une ou plusieurs phrases composées. Exemple : *Rien ne peut arrêter le temps* (phrase principale simple) *qui entraîne après lui tout ce qui paraît le plus immobile.* (phrase composée qui modifie la principale).

Quelles sont les périodes simples de la quatrième espèce ? Ce sont celles dont la phrase principale simple est modifiée par des phrases de différentes espèces. Ex. : « Il est assez ordinaire aux personnes à qui le ciel a donné de l'esprit et de la vivacité d'abuser des grâces qu'elles ont reçues.» *Il est assez ordinaire aux personnes d'abuser des grâces* (phrase principale simple), *qu'elles ont reçues* (phrase simple qui modifie *grâces*) : *à qui le ciel a donné de l'esprit et de la vivacité* (phrase complexe qui modifie *personnes*).

CHAPITRE II.

PÉRIODES COMPLEXES.

Qu'est-ce qu'une période complexe ? C'est celle dont la phrase principale est complexe.

Combien peut-on distinguer d'espèces de périodes complexes? On en distingue aussi quatre espèces.

Quelles sont les périodes complexes de la première espèce ? Ce sont celles dont la phrase principale complexe est modifiée par une ou plusieurs phrases simples. Exemple : *Sa profonde sagesse lui faisait connaître les hommes et les desseins* (phrase pricipale complexe dans le régime direct) *dont ils sont capables.* (phrase simple qui modifie le régime direct *desseins*).

Quelles sont les périodes complexes de la deuxième espèce ? Ce sont celles dont la phrase principale complexe est modifiée par une ou par plusieurs phrases complexes. Exemple : *Comme il ne perdit point ses jeunes années dans la mollesse et dans la volupté* (phrase subordonnée complexe), *il n'a pas été contraint de passer les dernières dans l'oisiveté et dans la faiblesse.* (phrase principale complexe dans le déterminatif.)

Quelles sont les périodes complexes de la troisième espèce? Ce sont celles dont la phrase principale complexe est modifiée par une ou par plusieurs phrases composées. Exemple : *Ni sa bouche, ni ses oreilles, n'ont été ouvertes à la médisance* (phrase principale complexe dans le sujet), *parce que la sincérité de son cœur en chassait cette jalousie secrète qui envenime presque tous les hommes contre leurs semblables* (phrase composée qui modifie la principale).

Quelles sont les périodes complexes de la quatrième espèce ? Ce sont celles dont la phrase principale complexe est modifiée par des phrases de différentes espèces. Exemple : « Le roi Henri VIII, prince en tout accompli, s'égara dans les passions qui ont perdu Salomon et tant d'autres rois, et commença à ébranler l'autorité de l'église ». *Le roi Henri VIII s'égara dans les passions et commença d'ébranler l'autorité de l'église* (phrase principale complexe dans le verbe), *prince en tout accompli* (qui était un prince, phrase simple qui modifie le sujet), *qui ont perdu Salomon et tant d'autres rois* (phrase complexe qui modifie le déterminatif).

CHAPITRE III.

PÉRIODES COMPOSÉES.

Qu'est-ce qu'une période composée ? C'est celle dont la phrase ou période principale, soit simple, soit complexe, est modifiée par une ou par plusieurs périodes.

Combien peut-on distinguer d'espèces de périodes composées ? On en distingue six espèces.

Quelles sont les périodes composées de la première espèce ? Ce sont celles dont la phrase principale, soit simple, soit complexe, est modifiée par une seule période. Exemple : *Thermosiris prévoyait l'avenir par sa profonde sagesse* (phrase principale simple), *qui lui faisait connaître les hommes et les desseins dont ils sont capables* (période complexe de la première espèce modifiant la phrase principale).

Quelles sont les périodes composées de la deuxième espèce ? Ce sont celles dont la phrase principale, formant avec d'autres phrases une première période, est modifiée par une autre période. Exemple : *Comme dans toutes les affaires, il y a ce qui les prépare, ce qui les fait entreprendre, et ce qui les fait réussir* (période complexe de la première espèce modifiant la période principale), *la vraie science de l'histoire est de remarquer ces secrètes dispositions qui ont préparé les grands changemens et les conjonctures importantes qui les ont fait arriver* (période principale complexe de la première espèce).

Quelles sont les périodes complexes de la troisième espèce ? Ce sont celles dont la phrase principale, soit simple, soit complexe, est modifiée par deux périodes. Exemple : « D'où vient qu'en certains pays chauds où il ne pleut jamais, les rosées de la nuit sont si abondantes, qu'elles suppléent au défaut de pluie, *et* qu'en d'autres pays, tels que les bords du Nil et du Gange, l'inondation des fleuves pourvoit à point nommé au besoin des peuples pour arroser les terres ? La phrase principale est : *d'où vient cela et cela?* Elle est modifiée par *en certains pays chauds où il ne pleut jamais, les rosées sont si abondantes, qu'elles suppléent au défaut de la pluie* (période simple, première espèce), et par *en d'autres pays, tels que les bords du Nil et du Gange, l'inondation des fleuves pourvoit à point nommé au besoin des peuples pour arroser la terre* (période simple, deuxième espèce).

Quelles sont les périodes composées de la quatrième espèce? Ce sont celles dont la phrase principale formant avec d'autres phrases une première période, est modifiée par deux autres périodes.

Exemple :

Moi, (qui jadis assis sous l'ombrage des hêtres
Essayai quelques airs sur mes pipeaux champêtres,
Qui depuis, pour les champs désertant les forêts
Et soumettant la terre aux enfans de Cérès,
La forçai de répondre à leur avide attente),
Aujourd'hui, saisissant la trompette éclatante,
Je chante les combats et ce guerrier pieux
(Qui, banni par le sort des champs de ses aïeux,
Et des bords phrygiens conduit dans l'Ausonie,
Aborda le premier aux champs de Lavinie.)

La phrase principale complexe : *Moi je chante*

les combats et ce guerrier pieux , modifiée par la phrase *saisissant la trompette éclatante* , forme une première période, qui est modifiée 1° par *qui jadis assis.... la forçai de répondre à leur avide attente* (période complexe, quatrième espèce); 2° par *qui banni par le sort.... aux champs de Lavinie* (période simple, deuxième espèce).

Quelles sont les périodes composées de la cinquième espèce? Ce sont celles dont la phrase principale, soit simple, soit complexe, est modifiée par trois périodes, soit simples, soit complexes. Exemple : « (Quand on disait que les grands étaient les yeux et les oreilles du prince), *on avertissait tout ensemble et le prince* (qu'il avait ses ministres comme nous avons les organes de nos sens, non pas pour se reposer, mais pour agir par leur moyen); *et les ministres* (qu'ils ne devaient point agir pour eux-mêmes, mais pour le prince, qui était leur chef, et pour tout le corps de l'état).

La phrase principale : *On avertissait tout ensemble le prince et les ministres* , est modifiée : 1° par *quand on disait que les grands étaient les yeux et les oreilles du prince* (période simple, deuxième espèce); 2° par *il avait ses ministres..... pour agir par leur moyen* (période complexe, première espèce); 3° enfin par *ils ne devaient pas agir pour eux-mêmes, mais..... pour tout le corps de l'état* (période complexe, première espèce).

Quelles sont les périodes composées de la sixième espèce, ou périodes sur-composées? Ce sont celles dont la phrase ou la période principale, soit simple, soit complexe, est modifiée par une ou plusieurs périodes composées.

Exemple :

<table>
<tr><td>

Je prends à témoin
Ces bois, ces prairies,
Que (si les faveurs
Du dieu des pasteurs
Vous gardent d'outrages
Et vous font avoir,
Du matin au soir,
De gras pâturages,
J'en conserverai
Tant que je vivrai
La douce mémoire),
Et que (mes chansons
En mille façons
Porteront la gloire

</td><td>

Du rivage heureux
Où vif et pompeux,
L'astre qui mesure
Les nuits et les jours,
Commençant son cours,
Rend à la nature
Toute sa parure,
Jusqu'en ces climats
Où sans doute las
D'éclairer le monde,
Il va chez Thétis
Rallumer dans l'onde
Ses feux amortis.)

</td></tr>
</table>

La phrase principale est : *Je prends à témoin ces bois, ces prairies, que... et que...* (phrase complexe); elle est modifiée : 1° par *si les faveurs... la douce mémoire* (période simple, quatrième espèce); et 2ᵉ par *mes chansons en mille façons..... Il va chez Thétis rallumer dans l'onde ses feux amortis* (période composée, deuxième espèce).

FIN DE LA GRAMMAIRE.

GRAMMAIRE

FRANÇAISE

DE L'ABBÉ GAULTIER,

ENTIÈREMENT REFONDUE ET CONSIDÉRABLEMENT AUGMENTÉE

PAR

DE BLIGNIÈRES, DEMOYENCOURT,
DUCROS (DE SIXT) ET LE CLERC AÎNÉ,
SES ÉLÈVES.

PREMIÈRE ÉDITION.

PARIS,

JULES RENOUARD, LIBRAIRE,

RUE DE TOURNON, N° 6.

M DCCC XXIX.

Le Cours complet d'études élémentaires, pour les enfans, par l'ABBÉ GAULTIER, comprenant la lecture, l'écriture, l'arithmétique, la géométrie ; les langues française, latine, italienne ; la géographie, la chronologie et l'histoire, l'art de penser et d'écrire, la musique, etc. etc. ; se compose de 22 vol. in-18, 6 vol. in-12, 7 cahiers in-folio, de plusieurs boîtes et étuis, le tout, renfermé dans une boîte, coûte........... 66 francs.

Toute contrefaçon de cette Grammaire sera poursuivie selon la rigueur des lois.